Cuisine de l' Inde

Des recettes rapides, simples et délicieuses à préparer chez soi

Cuisine de l'Inde

JAN PURSER AJOY JOSHI

soline
éditions

Édition originale :

Sous la direction de Deborah Nixon
Texte : Jan Purser et Ajoy Joshi
Photographe : Alan Benson
Styliste : Marie-Hélène Clauzon
Préparation des mets : Rodney Dunn
Photographies p. 79 et 91 : Louise Lister
Stylisme p. 79 et 91 : Vicki Liley
Design : Bettina Hodgson
Édition : Judith Dunham
Direction de la fabrication : Jane Kirby
Coordination : Bettina Hogdson
Avec le soutien de Durina, Raiula Imports, Acorn Trading, Ruby Star Traders, Bison Homewares

Édition française :

Adaptation française : Christine Bollard, avec le concours de Nicolas Blot
Réalisation : Philippe Brunet – PHB

ISBN : 2-87677-501-8
Dépôt légal : février 2005

Imprimé à Singapour

Cet ouvrage n'aurait pu voir le jour sans l'aide de : Aai et Papa, mes parents, qui m'ont appris à aimer et à respecter la nourriture; Appa, mon élève, dont l'estime me permet de m'améliorer sans cesse ; tous les bawarchis (cuisiniers) et chefs de la chaîne hôtelière indienne Taj, qui m'ont appris le métier; ma brigade si dure au travail et ma fidèle clientèle du Nilgiri – nous partageons un futur en commun, famille et amis, pour tous les bons moments passés ensemble et ceux à venir; Jan Purser, pour la confiance qu'elle a placée en moi et sa patience inébranlable; ma famille bien-aimée, Meera et Aniruddh, pour toute leur affection, et enfin Ganesha, le Tout-Puissant – Je vous dois tout ! Ajoy Joshi

Sommaire

Introduction

Mon enfance à Hyderabad (Inde), au début des années 1960, fut marquée par un rêve absolu : celui de manger un jour dans les restaurants de l'hôtel Taj Mahal, réputés pour leurs masala dosai. Je passais chaque jour derrière l'un de ces établissements pour me rendre à l'école ; ce trajet quotidien est sans doute à l'origine de ma passion pour les masala dosai, et pour la cuisine en général.

Après ma scolarité, malgré la diversité des choix qui m'étaient offerts, je décidai d'embrasser une carrière particulière : commença alors le parcours difficile, mais gratifiant, qui me permit de devenir cuisinier. Durant mon séjour à l'école hôtelière de Madras, j'eus la chance de travailler dans les hôtels Taj Coramandel et Fisherman's Cave ; j'occupai dans le premier un emploi de serveur (récoltant ainsi des pourboires dont j'avais besoin pour financer mes études), et dans le second celui de commis (apprenant ainsi les ficelles du métier).

Ces expériences me confortèrent dans mon choix : je serais chef de cuisine.

Dans les cuisines de la chaîne hôtelière Taj, le travail était toujours passionnant, surtout après que j'eus gagné mes galons de second. Les mets accommodés pour les banquets devaient être présentés avec goût et fantaisie : ainsi se dévoilèrent mes instincts artistiques. Après des années de labeur forcené, je réalisai enfin mon rêve en 1988, avec un poste de chef au Gateway Hôtel de Bangalore. J'eus ainsi la chance d'explorer d'autres régions du monde et d'exporter mes talents de cuisinier.

Treize ans et six restaurants plus tard, me voici au Nilgiri de Sydney. J'y découvre mes racines et cuisine avec une philosophie simple : pas de bonne chère sans fursat (disponibilité) et sans mohabbat (amour). La nourriture proposée au Nilgiri est simple, et le menu restreint : le chef a ainsi tout loisir de se concentrer sur les détails et les subtilités de chaque préparation.

À l'instar des autres grandes cuisines, l'art culinaire indien est un hommage au vivant. Les recettes présentées ici (les mets populaires comme les plus élaborés) le sont sous une forme simple et accessible à tous. J'espère que vous voyagerez avec autant de plaisir en préparant les mets qu'en les savourant. En conclusion, comme tout Indien doté d'amour propre le dirait pour clore un bon repas, Anha Datha Sukhi Bhava : « Puisse celui qui nous prodigue cette nourriture être heureux et comblé. »

—Ajoy Joshi

La cuisine indienne, par sa variété, ses couleurs, ses textures, ses arômes et ses rituels, reflète le parfum du pays tout entier. Le voyageur s'y sent à la fois exalté par l'intensité de ce chaos, heurté par le fourmillement et l'apparente pauvreté, tout en ressentant le courant latent de spiritualité qui résonne dans tous les courants culturels de l'Inde. Voyageur ou non, vous avez à votre portée l'éventail de mets somptueux qu'offrent ses traditions culinaires. Ne confondez surtout pas la nourriture proposée dans de nombreux restaurants indiens d'Europe avec la gastronomie indienne authentique. Ajoy Joshi parle souvent de cuisine ethnique : elle reflète les vraies saveurs de l'Inde, comme celle que préparent, chez eux, les Indiens.

Géographie et histoire

La république de l'Inde, couvrant une étendue chiffrée à 3,2 millions de kilomètres carrés, est peuplée de plus d'un milliard d'habitants. Du nord au sud, la topographie décline une grande variété de paysages : la puissante barrière de l'Himalaya, aux confins de la Chine et du Népal, les collines et plateaux du Centre et du Sud, le grand désert de Thar, à la frontière du Pakistan… Les côtes indiennes s'étirent sur 7 500 km, sur la mer d'Oman et le golfe du Bengale.
Cette diversité géographique se traduit par des variations climatiques extrêmes : à la saison chaude (de mai à juillet), il neige dans le Nord alors que dans les plaines et le désert le thermomètre affiche fréquemment 45 °C, voire plus. Le climat du Sud, de type tropical, offre une fourchette de températures allant de 20 °C de décembre à mars à 38 °C en saison chaude. Toute l'Inde, et particulièrement le Sud, est soumise au régime de la mousson, qui dure de juillet à septembre : il pleut généralement chaque jour. Les voyageurs préfèrent se rendre en Inde de novembre à mars, car la chaleur y est moins pénible. L'extrême Nord de l'Inde se visite plutôt entre avril et août, lorsque la température oscille entre 12 °C et 24 °C.

L'Inde se compose de vingt-cinq États et de sept territoires. Chaque région possède ses propres traditions culinaires, en fonction de ses spécificités historiques, religieuses et climatologiques. La chaîne des monts Vindhya s'étend d'est en ouest, divisant le pays en deux parties. L'Inde est habitée depuis au moins 5 000 ans av. J.-C. Sa longue histoire, haute en couleur, connut maints épisodes sanglants. La première civilisation importante (celle des Dravidiens) se développa dans la vallée de l'Indus, d'environ 2500 à 1500 av. J.-C. En subsistent les vestiges de deux villes, Harappa et Mohenjo-Daro, équipées toutes deux d'un remarquable système d'irrigation, de thermes sacrés et de silos à grains ventilés. Les Dravidiens possédaient des animaux domestiques et cultivaient le sol de manière extensive. Leur déclin débuta sans doute à la suite de l'invasion vers 1500 av. J.-C. des Aryens d'Asie centrale.
Ces derniers repoussèrent les Dravidiens au sud, prenant le contrôle des régions septentrionales. Témoignages de cette civilisation, les textes sacrés du Veda furent écrits par les Aryens. Les Dravidiens s'installèrent définitivement dans le Sud; leur langue se retrouve encore dans de nombreux dialectes d'aujourd'hui.

Durant la période aryenne, le blé était cultivé, l'année durant, dans le Nord, alors que le Sud était voué à la culture du riz. Blé et riz sont ainsi devenus les aliments de base respectifs des Indiens habitant ces régions.

Fondée en 321 av J.-C., la dynastie des Maurya élargit considérablement son empire vers le nord. L'empereur Açoka (264-226 av. J.-C.) fut le premier roi bouddhiste, qui introduisit largement le végétarisme et les croyances liées aux animaux, interdisant tout aliment carné.

Après la chute de l'empire des Maurya (en 184 av. J.-C.) s'ensuivit une suite de dynasties et d'envahisseurs, qui, tour à tour, apposèrent leur empreinte sur la culture et l'art culinaire. Vers l'an mil commença la conquête musulmane, menée successivement par plusieurs pays envahisseurs. Malgré huit siècles de présence musulmane, seul un quart de la population est converti à l'islam.

L'Empire moghol laissa des traces bien plus profondes. Cette dynastie, instaurée en 1527, domina l'Inde plus de deux siècles durant, la dotant d'une grande richesse culturelle, tant dans le domaine des beaux-arts que dans ceux de l'architecture et de la littérature. Cette influence se ressentit également dans l'art culinaire : mets aux saveurs riches et aromatiques à base d'agneau et de chevreau, enrichis de fruits secs et d'épices (cannelle, cardamome, clous de girofle, noix muscade, macis et safran). Biryani, pilaf, korma, kulfi et bien d'autres plats et desserts succulents sont issus de la tradition culinaire moghole. Les empereurs moghols, qui engendrèrent une période de prospérité, vivaient dans une grande opulence.

En 1498, le Portugais Vasco De Gama débarque au Kerala, en quête d'épices. En 1510, les Portugais colonisent Goa, qui restera sous leur contrôle jusqu'en

1961. De cette capitale des Indes portugaises ils faisaient commerce d'épices avec l'Europe. L'influence portugaise sur la tradition culinaire de la région est extrêmement marquée : la cuisine de Goa est réellement différente de celle des autres terroirs. C'est là que l'on déguste les plats les plus épicés, car les Portugais introduisirent le piment, ainsi que les tomates et les poivrons du Nouveau Monde, sans oublier la papaye (des Philippines), l'ananas (d'Amérique du Sud) et les noix de cajou (du Brésil).

Si Français et Hollandais marquèrent également de leur empreinte certaines régions de l'Inde, l'Angleterre transforma littéralement le pays. En 1612 furent créés les premiers comptoirs à Madras, Bombay et Calcutta. Du début du XIXe siècle jusqu'à 1947, l'Inde fut sous contrôle de la Couronne britannique, pour gagner enfin son indépendance après de nombreux et violents épisodes de troubles, suivis d'une partition entre l'ancien Empire des Indes et le Pakistan. L'influence britannique est toujours présente : l'anglais est la langue administrative, et les querelles dues à la partition entre l'Inde et le Pakistan sont toujours d'actualité. Même si certains plats ont évolué en fonction des goûts britanniques, ces adaptations n'ont pas forcément amélioré les recettes originales.

Traditions culinaires

La population de l'Inde est à 80 % hindouiste : les végétariens sont nombreux et la grande majorité des croyants s'abstient de manger du bœuf. Les musulmans (12 %) consomment de la viande. Le reste de la population se répartit entre des courants religieux divers (sikhs, bouddhistes, parsis, jains), avec les restrictions alimentaires imposées par leurs propres croyances.

La variété des climats de cet immense pays impliquant une grande diversité des produits, chaque région de l'Inde cultive ses ingrédients spécifiques. Le poisson est abondamment consommé sur les côtes, ainsi que le long des fleuves et rivières. La côte occidentale est d'ailleurs réputée pour ses plats de poisson fort appétissants, comme le Meen Kozhambu et les Crevettes Reiachado, recettes présentées dans cet ouvrage. Dans le Sud, figurent parmi les ingrédients d'usage courant la noix de coco, les feuilles de curry et les graines de moutarde, les fruits tropicaux (mangues, papayes, jaquier, ananas, bananes). Bien que plutôt dégustés nature, ces fruits entrent parfois dans la composition de desserts et d'entremets (Kulfi Mangue). Piments verts et tamarin, frais ou séchés, sont copieusement utilisés. Le riz et les préparations à base de riz, comme les galettes croustillantes à la farine de riz fermentée (Dosai) sont également très présents dans la cuisine du Sud.

Moins richement aromatisée, la nourriture du Nord et de l'Est est aussi moins ardente. La tradition culinaire du Nord, imprégnée de l'influence moghole, décline une variété savoureuse de mets à base de viande. Le ghee, ou beurre clarifié, y est d'usage courant (tout comme dans le Sud). La cuisson tandoori, qui consiste à cuire viande, poulet et pains dans un four d'argile, provient du Pendjab. Les merveilleux pains à pâte non levée (roti), très appréciés dans le Nord, se déclinent en chappati, poori, paratha et naan tandoori. Le riz lui aussi est souvent présent au menu.

Dans toutes les régions, les légumes jouent un rôle important dans la composition des repas. Leur emploi dépend bien sûr de la saison mais également des autres mets figurant au menu : une viande rouge, par exemple, sera toujours servie avec un légume vert. Le repas végétarien type se compose d'un légume, d'un ou deux plats à base de lentilles, de paneer, de riz et/ou de pain, et s'accompagne de chutney ou de raita au yaourt.

La préparation d'un repas indien

Le régime indien

Les Indiens s'inspirent toujours des principes de l'Ayurveda, transmis au fil des générations. Cette philosophie ancienne (ses débuts remonteraient à cinq mille ans) se double d'un système médical complet, encore très présent de nos jours, et qui commence à susciter l'intérêt du public occidental. Aliments et épices se combinent non seulement pour leur saveur mais aussi pour leurs propriétés médicinales. L'Ayurveda offre une cohérence entre diététique et mode de vie, et préconise une médecine naturelle, par le biais des herbes médicinales et des techniques de massage.

À chaque repas doivent figurer riz ou pain, légumes secs et huile et/ou ghee, pour comporter les trois nutriments essentiels : hydrates de carbone, protéines et lipides. D'après les règles ayurvédiques, l'ajout d'herbes et d'épices apporte un supplément médicinal bénéfique. À titre d'exemple, le curcuma moulu, abondamment employé dans la cuisine indienne, est désormais reconnu comme agent anti-inflammatoire et antioxydant efficace.

Les légumes frais, accompagnés de condiments et de préparations à base de yaourt, apportent vitamines et sels minéraux. Condiments et yaourt aident à la digestion. Une grande attention est portée aux saveurs du repas : salé, aigre/doux, âcre/piquant sont les trois goûts les plus importants. Selon l'Ayurveda, ces éléments doivent être présents lors de chaque repas, pour créer un équilibre entre les saveurs. Les condiments et les chutneys, intensément parfumés, aident à équilibrer un repas qui manquerait de l'un de ces éléments (à raison d'un ou deux par repas, que les convives mélangent en petites quantités à leur nourriture). Ils agissent aussi comme stimulants de l'appétit et de la digestion.

Le thali

En toutes régions, le repas est la plupart du temps servi sur un plateau individuel, rond et métallique, le thali, proposé au convive garni de riz et de portions de mets variés ; dans certaines régions, le repas est servi sur une feuille de bananier. Il existe au moins cinq façons de présenter le thali, correspondant aux cinq orientations du pays : nord, sud, est, ouest et centre. Nonobstant ces variations, les constantes sont les suivantes : le sel est un élément important car la philosophie hindoue stipule que tout repas servi à une âme vivante doit en contenir. Un petit tas de sel est donc disposé sur le thali, entouré des autres éléments du repas. « À la fin du repas, beaucoup d'hindous versent un peu d'eau sur le reste de sel pour le dissoudre, car on ne doit jamais jeter de sel. Le sel est un signe de vie, et on ne peut prendre la vie, qui ne peut qu'être dissoute », rapporte Ajoy Joshi.

Les convives mangeant sur le thali commencent et achèvent toujours le repas avec l'aliment de base, riz ou pain. Ils consomment ensuite les autres portions de nourriture, l'une après l'autre. Les différents mets ne sont pas mélangés dans un même récipient. « Si vous commencez par la viande, vous devez la terminer avant de passer au plat suivant, dit Ajoy Joshi. Vous pouvez seulement l'accompagner d'un condiment ou de chutney. Si mon grand-père me voyait en train de mélanger ma nourriture, il me dirait : "Tu es brouillon. Concentre-toi et mange une portion à la fois." Faire une seule chose à la fois, et la mener à bien, voilà une sage leçon de vie ! »

Croyances et étiquette

L'hygiène est essentielle au rituel du repas : avant de s'attabler, les convives se lavent soigneusement les mains, chez eux comme au restaurant, et les lavent de nouveau à la fin du repas.

Les Indiens n'utilisent pas de couverts, mais s'aident de pain (ou de riz qu'ils imprègnent de sauce). Les aliments sont pris exclusivement avec les doigts de la main droite, la gauche étant considérée comme impure. Pour manger avec les doigts, les convives prélèvent un peu de nourriture et la poussent dans la bouche avec le pouce, sans toutefois introduire les doigts au-delà des lèvres.

Au début du repas, les hindous mettent de côté une offrande de riz ou de pain et en aspergent le contour d'un peu d'eau, en hommage à ceux qui ont du mal à se nourrir, en reconnaissance envers leur bonne fortune et pour remercier leur dieu de ce « pain quotidien ».

Bon nombre d'Indiens ne consomment que les produits régionaux de saison, conformément aux préceptes de l'Ayurveda. À titre d'exemple, il serait déraisonnable d'emporter un fruit tropical dans le Nord et de le consommer sur place, car ce fruit ne serait pas un fruit de saison; il n'aurait pas sur le corps d'effet compatible avec le climat. Cette croyance courante est partagée par la médecine chinoise traditionnelle. Pour les hindous, une telle pratique aurait de plus pour effet d'invoquer un dieu qui ne devrait pas l'être à cette période de l'année, et entraînerait des troubles corporels. Comme le souligne Ajoy Joshi, « Laisse le dieu au repos : ne le laisse pas ouvrir son troisième œil ! »

La nourriture est entourée de croyances et de superstitions tenaces. En cas de mariage entre deux personnes de régions ou de castes différentes, les croyances respectives peuvent être source de conflit. Imaginons une femme enceinte, sujette à des envies alimentaires particulières : si elle vient à consommer un produit hors saison, elle s'expose à la vindicte familiale. De plus, il existe ses superstitions liées à des aliments particuliers : une femme enceinte ne doit pas manger de mangue, car elle risque une fausse-couche.

Le sel est lui aussi à l'origine de maintes superstitions : si du sel est répandu entre deux amis, il se produira entre eux une rupture qui ne prendra fin que lorsqu'ils partageront à nouveau du sel. Le sel est même, pour certains Indiens, le tout premier achat effectué au début de l'année, car ce geste est censé porter chance.

Boissons

À l'époque de la souveraineté britannique, les Anglais importèrent de Chine des plants de thé et entreprirent d'exploiter massivement ces nouvelles plantations. Il ne fallut guère de temps aux Indiens pour s'engouer de ce breuvage, qu'ils accommodèrent à leur façon, y ajoutant cardamome, cannelle, clous de girofle, anis, poivre, gingembre et fenouil. Ainsi fut créé le chai, qui est aux Indiens ce qu'un bon expresso est aux Italiens.

De nos jours, l'Inde est le premier producteur mondial de thé.

Au cours du repas, l'eau reste la boisson de prédilection de nombreux Indiens. Whisky, rhum, bière, vodka et gin sont plutôt appréciés à l'heure de l'apéritif. Le lassi, breuvage nourrissant à base de yaourt, se consomme lors du petit-déjeuner. Plusieurs boissons traditionnelles apportent une alternative aux jus de fruits et autres sodas trop caloriques du commerce : panha (à base de mangues vertes et de cardamome), nimbu pani (citronnade aromatisée à la cardamome) ainsi qu'un mélange de jus de citron vert et d'eau gazeuse (auquel on ajoute du sel ou du sucre).

Les Occidentaux aiment accompagner les repas indiens de leur boisson alcoolisée favorite ; il existe à ce sujet plusieurs avis de gastronomes. Certains prônent une bière bien fraîche, d'autres un chardonnay au bouquet léger. Le goût de chacun fait évidemment loi ; je conseille pour ma part un cidre doux, qui s'accorde à merveille avec les mets épicés. Menez vos propres expériences afin de trouver le partenaire idéal des subtilités de la cuisine indienne.

Organisez le repas

Contrairement aux repas occidentaux, qui comportent plusieurs plats successifs, le repas indien se sert en une fois, apéritifs et desserts (parfois) exceptés. Servez tout d'abord un amuse-gueule à vos convives, puis déposez sur la table l'ensemble des plats que vous avez confectionnés. La plupart des recettes contenues dans cet ouvrage sont calculées en vue de la composition d'un repas pour huit à dix personnes.

Composez votre repas en sélectionnant dans chaque rubrique : riz et/ou pain, un plat à base de lentilles ou autre mets végétarien ; un plat à base de paneer, de poulet ou de viande ; un plat de poisson ; un ou deux plats de légumes ; un condiment ou un chutney ; une sauce raita. Pour un repas végétarien, remplacez le poisson ou la viande par un plat de légumes secs supplémentaire. Toutefois, un repas végétarien simple peut ne comprendre qu'un seul plat de lentilles, avec un plat de riz et de légumes.

Vous avez, bien sûr, tout loisir de servir votre repas à l'occidentale. Dans ce cas, suivez les règles diététiques standard : un plat de protéines (viande, poulet, poisson ou légume sec), deux ou trois plats de légumes, des hydrates de carbone (riz à la vapeur ou plat à base de riz, et/ou pain).

Ingrédients

Carom La saveur de ces petites graines (ajwain) rappelle celle du thym, avec une note poivrée. Leur aspect est similaire à celui des graines de céleri. Elles servent à parfumer les pains indiens, les fritures, les lentilles et autres plats de légumes.

Asafoetida Poudre jaune obtenue par mouture de la sève déshydratée d'une variété de fenouil géant. Elle exhale une odeur fétide qui disparaît en cours de cuisson. Une très petite quantité suffit à donner aux plats une légère saveur d'oignon et d'ail, qualité appréciée des brahmanes et des jains, dont la religion interdit la consommation de ces deux aromatiques. L'assa foetida prévient les désagréments gastriques dus à l'absorption de lentilles, haricots, et autres légumes riches en fibres.

Feuilles de bananier Les aliments en sont enveloppés avant d'être cuits au four ou à la vapeur. Fendez-les le long de la nervure centrale et assouplissez-les en les passant à la flamme, ou dans une poêle très chaude. Le papier d'aluminium et le papier sulfurisé donnent aussi de bons résultats.

Riz basmati Ce riz à longs grains est le plus utilisé en Inde. Il possède un arôme unique et accompagne idéalement tous les mets. Une fois cuits, les grains ne doivent pas adhérer les uns aux autres.

Farine de pois chiches (besan) en protéines et en fibres, au léger goût de noisette, qui se prête à la confection des entremets et des douceurs, particulièrement les pâtisseries et les beignets. C'est un ingrédient de premier plan pour les plats végétariens.

Graines de carom

Asafoetida

Feuilles de bananier

Riz basmati

Farine de pois chiches

Pois cassés blonds

Piments frais

Piments séchés

Coriandre fraîche

Lait et crème de coco

Pois cassés blonds (channa dal)
Ils sont plus petits que les pois chiches utilisés dans la cuisine occidentale, mais leur saveur est similaire. Les lentilles cassées jaunes conviennent également, mais leur goût est quelque peu différent, et il faut les cuire un peu plus longtemps. Les pois cassés entrent dans la composition des soupes, ou encore, grillés et moulus, ils parfument les légumes et certaines pâtisseries.

Piments frais Nous employons, pour nos recettes, un mélange de piments oiseau et de piments serrano. Ne les épépinez pas, mais hachez-les finement ou réduisez-les en pâte à l'aide d'un mixer. Pour les rendre moins ardents, retirez les graines et les membranes blanches, ou, plus simplement, employez moins de piments que la quantité préconisée.

Piments séchés Utilisez des piments serrano entiers et de bonne qualité, sans les épépiner. Réduisez la quantité indiquée si vous préférez un plat moins relevé.

Coriandre fraîche Cette herbe aromatique, très appréciée en Inde, s'ajoute au dernier moment afin d'en préserver la saveur. Hachez les feuilles et aussi quelques tiges, qui sont également très parfumées.

Lait de coco, crème de coco Le lait de coco est extrait de la chair de coco râpée et pressée. Au repos, la matière grasse, ou crème de coco, se dépose à la surface puis est récupérée à l'écumoire. Plus riche et plus épaisse que le lait, elle est vendue séparément.

Noix de coco fraîche Une bonne noix de coco est lourde et pleine de liquide (contrôlez en agitant la noix de coco contre votre oreille). La chair doit être d'un blanc crème, ferme, croquante et fibreuse, et libérer un parfum agréable de coco.

Feuilles de curry Originaire d'Inde et du Sri Lanka, les feuilles de curry (ou karhi patta) sont surtout employées dans les régions du Sud. Ces petites feuilles vert sombre, à l'arôme puissant et légèrement citronné parfument les plats en sauce, les mélanges d'épices, les marinades et les soupes. N'employez les feuilles séchées que si elles ont une belle couleur, et en quantité identique à celle des feuilles fraîches.

Ail Largement utilisé en Inde (hormis par les brahmanes et les jains), l'ail est aussi apprécié que l'oignon. Préparez à l'avance une purée d'ail qui vous servira pour plusieurs recettes : épluchez les gousses et passez-les au mixer avec un peu d'huile, pour en faire une pommade. Cette pâte se conserve trois jours au réfrigérateur, dans un récipient hermétique.

Gingembre frais Autre ingrédient essentiel de la cuisine indienne, c'est un rhizome à l'arôme fortement épicé et de saveur piquante, voire brûlante. Nettoyez-le bien avant de le hacher grossièrement, puis mixez-le avec assez d'huile pour en faire une pâte qui se conservera trois jours au réfrigérateur, dans un récipient hermétique.

Laurier indien Ce sont les feuilles du cassier, plus grandes que celles du laurier et de saveur plus douce. Séchées, elles entrent dans la composition de certains mélanges épicés, ou, comme dans le Nord, parfument les plats de viande et de riz.

Noix de coco fraîche

Feuilles de curry

Ail

Gingembre frais

Laurier indien

Jagré

Lentilles noires

Lentilles cassées jaunes

Lentilles brunes

Mangue

Jagré Élaboré à partir de sucre de canne déshydraté, cet édulcorant possède une saveur approchant celle du sucre brun et de la mélasse. Vous pouvez le remplacer par du sucre roux, mais le goût sera quelque peu différent.

Lentilles : Les lentilles noires (urad dal) s'emploient entières, cassées, ou décortiquées et cassées. Broyées, elles s'utilisent en farine. Plus petites que les autres lentilles, elles cuisent plus rapidement, mais se délitent à la cuisson. Elles entrent dans la composition des plats de légumes, ou sont grillées afin d'ajouter un goût de noisette aux entremets. Mélangée à la farine de riz, cette farine sert à la préparation de certains mets comme le dosai.

Lentilles cassées jaunes Ces petites lentilles blondes décortiquées (toor dal, toovar dal, tour dal, arhar dal) entrent fréquemment dans la composition des plats végétariens. Plus petites que les pois chiches, de saveur douce et délicate, elles tendent à devenir pâteuses à la cuisson.

Lentilles brunes Elles se vendent généralement entières et sont un peu plus grosses que les autres variétés. Elles ont un goût agréable de noisette et gardent leur forme à la cuisson.

Mangue Fruit tropical; avant maturité, il est employé pour les chutneys et les pickles ainsi que pour ajouter de l'acidité aux entremets. Mûre, la mangue se savoure telle quelle ou sert à confectionner des crèmes glacées.

Menthe Ses feuilles rafraîchissantes sont couramment utilisées dans la cuisine indienne, notamment dans les biryani, les plats de viande et de poulet, les raitas et les cocktails maison. Vertes ou séchées, elles parfument le thé brûlant. Afin d'en préserver la saveur, ajoutez-les toujours en fin de cuisson.

Nigelle Ces graines noires et minuscules (kalonji) sont parfois, à tort, appelées graines de cumin noir. Elles sont aussi connues sous le nom de graines d'oignon, bien qu'elles n'aient rien de commun avec ce dernier. Leur saveur se rapproche de celle du cumin, avec un arrière-goût métallique, légèrement amer. Elles parfument et décorent les pains, les salades, les lentilles et les plats de légumes.

Haricots rouges Le haricot rouge (rajma) tient bien à la cuisson et sa chair farineuse est de saveur douce. Avec les lentilles et les pois chiches cassés, il apporte l'essentiel des protéines au régime végétarien.

Farine de riz Le riz est moulu grossièrement pour les dosai, galettes de riz fermenté que l'on confectionne dans le nord de l'Inde. Une mouture plus fine sert à préparer de petits gâteaux (idli) que l'on sert avec des lentilles, ainsi que les pâtes à beignets et certains desserts.

Semoule La semoule résulte du broyage de la partie centrale de l'amande de blé dur. La semoule la plus grosse est celle que nous utilisons dans nos recettes, mais vous pouvez la remplacer par de la semoule fine. Elle sert à préparer pains et pâtisseries.

Menthe

Graines de nigelle

Haricots rouges

Farine de riz

Semoule

Graines de sésame

Pâte de tamarin

Huile végétale

Beurre fondu

Yaourt

Graines de sésame Entières ou broyées, les graines blanches de sésame entrent dans la composition des entremets, des pains et de nombreux desserts. Grillées, elles développent un arôme de noisette.

Tamarin La pâte de tamarin est extraite de la pulpe et des graines des gousses du tamarinier. Elle est d'utilisation beaucoup plus simple que la pulpe compressée, qui demande un long trempage. Le tamarin apporte une note fruitée et acidulée aux entremets.

Huile végétale et beurre fondu De nombreuses recettes préconisent l'emploi d'un mélange composé pour moitié d'huile polyinsaturée (tournesol, colza) et pour l'autre moitié de beurre fondu. Cette préparation combine les avantages des deux ingrédients : température de cuisson élevée et saveur agréable. Si vous réalisez plusieurs recettes, préparez une certaine quantité de mélange à l'avance.

Yaourt Utilisez de préférence des yaourts « à la grecque » ou des yaourts au lait entier.

Épices

Sel noir Il s'agit d'un sel gemme (kala namak) exploité dans des carrières du centre de l'Inde. Ce minéral soufré possède un goût très particulier et une salinité moindre que les autres sels. Sa couleur brune vire au rose lors du broyage. Il assaisonne les boissons, les collations et les salades; c'est un ingrédient indispensable au chat masala.

Capsules de cardamome

Verte Les capsules renferment de minuscules graines noires et odorantes, à moudre juste avant emploi. Dans nos recettes, les capsules sont moulues entières. Vous pouvez également utiliser cette épice déjà moulue. La cardamome est un ingrédient incontournable du garam masala et de divers autres mélanges aromatiques. Elle parfume aussi de nombreux entremets et desserts.

Noire À ne pas confondre avec la précédente, la capsule de cardamome noire renferme de petites graines au goût fumé, surtout utilisées pour relever les plats de viandes et les entremets.

Chat masala Mélange aussi acidulé que savoureux d'épices grillées, moulu et saupoudré sur les aliments juste avant dégustation. Il se prépare généralement avec les ingrédients suivants : sel noir, sel, assa foetida, cumin, coriandre, menthe séchée, gingembre, macis, garam masala, pépins de grenade, piments, poivre noir et amchur (poudre de mangue verte séchée).

Cannelle Les bâtonnets de cannelle sont des fragments roulés d'écorce du cannelier, mesurant de 8 à 10 cm de long. Vous pouvez aussi utiliser l'écorce de cassier, dont les bâtonnets sont encore plus parfumés.

Sel noir

Capsules de cardamome, vertes et noires

Chat masala

Bâtonnets de cannelle

Clous de girofle

Graines de coriandre

Graines de cumin

Graines de fenouil

Clous de girofle Ces boutons floraux sont récoltés en Asie du Sud-Est et dans l'ouest de l'Inde, puis séchés. Ingrédients primordiaux du garam masala et d'autres mélanges d'épices, ils s'ajoutent aussi aux plats à base de riz et de viande, dont ils rehaussent les saveurs de leur arôme chaleureux. Achetez toujours des clous de girofle de première qualité, encore munis de leur courte tige.

Graines de coriandre Ce sont les graines issues de la coriandre fraîche. Grillées à sec avant mouture, elles sont souvent employées en tant qu'assaisonnement à part entière, ou parfois incorporées à un mélange d'épices. Les graines moulues développent des arômes d'herbes citronnées.

Graines de cumin Le cumin, comme le persil, est une ombellifère. Une brève torréfaction permet aux graines d'exhaler pleinement des arômes vifs et un peu amers. Entières ou moulues, les graines de cumin entrent dans de nombreux mélanges épicés et parfument les entremets comme les raitas. Les graines de cumin noir ont une saveur légèrement moins amère.

Graines de fenouil Elles s'utilisent entières ou moulues, et donnent aux viandes, légumes, desserts et chutneys une saveur anisée. Parfois présentes dans le garam masala, elles sont souvent proposées aux convives à la fin du repas, afin de leur garantir une digestion facile.

Graines de fenugrec Elles s'utilisent entières ou moulues. Une fois grillées, elles dévoilent une saveur subtile et douce-amère. Le fenugrec relève les pains ainsi que les plats à base de lentilles; il s'ajoute aux chutneys et aux mélanges épicés.

Graines de moutarde brune Elles sont toujours grillées dans un peu d'huile chaude afin de révéler leur saveur piquante. L'huile de graines de moutarde est couramment utilisée en Inde.

Macis Enveloppe de la noix muscade, possédant un goût plus appuyé que cette dernière, le macis se présente sous forme de lamelles aplaties et séchées au soleil. Il se prête à l'assaisonnement des pilafs et des plats de poisson.

Paprika Épice à base de piments doux séchés et finement broyés, le paprika relève les entremets d'une touche savoureuse et colorée. Sur une gamme s'étendant du paprika doux au paprika fort, employez de préférence une poudre de saveur intermédiaire.

Graines de fenugrec

Graines de moutarde

Noix muscade et macis

Paprika

Poivre

Stigmates de safran

Anis étoilé

Curcuma

Poivre Roi des épices, selon Aloy Joshi, le poivre est omniprésent dans la cuisine indienne. Poivre noir en grains et poivre blanc moulu sont employés dans nos recettes. Pour respecter leur arôme et leur saveur, les baies sont toujours moulues au dernier moment.

Stigmates de safran Chaque stigmate est récolté à la main sur une fleur de crocus, qui n'en produit que trois... ce qui explique que le safran soit l'épice la plus chère du monde. Les stigmates séchés sont mis à tremper dans un liquide chaud, qu'ils colorent intensément tout en déployant leur arôme subtil et chaleureux.

Anis étoilé Ce fruit de badiane (variété de magnolia) possède un fort goût anisé, plus doux et plus profond cependant que les graines d'anis. D'usage très courant dans la cuisine chinoise, il apparaît parfois dans les recettes indiennes.

Curcuma Ingrédient essentiel, présent dans toutes les cuisines de l'Inde, le curcuma colore les entremets de son or intense, tout en apportant une saveur légèrement amère. Il tend également à amalgamer les arômes des autres épices. Il s'agit d'un rhizome séché et moulu, qui s'emploie parfois frais. N'utilisez que des poudres provenant du district d'Allepey, dans le Kerala, qui sont les plus colorées et les plus parfumées.

Équipement

Deghchi Sauteuse à fond épais, idéale pour la confection des plats en sauce proposés dans cet ouvrage. Elle doit être munie d'un couvercle parfaitement ajusté.

Égouttoir à fond plat Le fond plat est indispensable pour la confection du paneer.

Kharaï Sorte de bassine lourde et profonde, d'aspect similaire au wok, utilisé pour les fritures et de nombreuses autres préparations.

Katori Récipient métallique servant à mesurer la pâte à dosai, dont la contenance est d'environ 40 cl. Le fond plat sert à étaler la pâte sur un tawa ou une crêpière.

Étamine Indispensable à la confection du paneer, l'étamine se trouve chez les détaillants en accessoires de cuisine.

Palta Spatule métallique indienne à long manche et à lame arrondie, permettant de remuer les aliments dans le kharaï. Vous pouvez également utiliser une spatule à wok.

Deghchi

Égouttoir à fond plat

Kharaï

Katori

Étamine

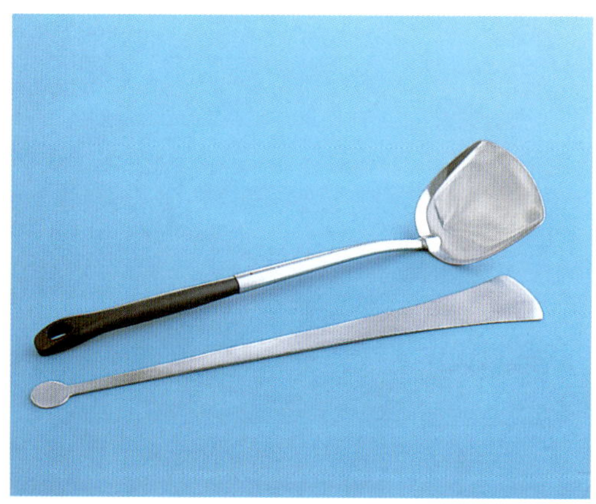

Palta

Parãt

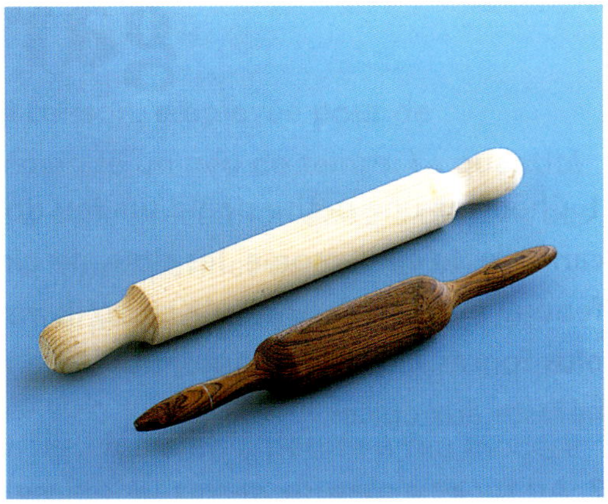

Rouleau

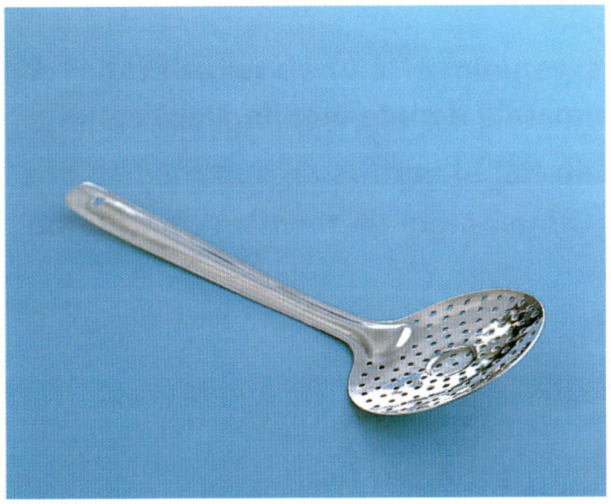

Écumoire

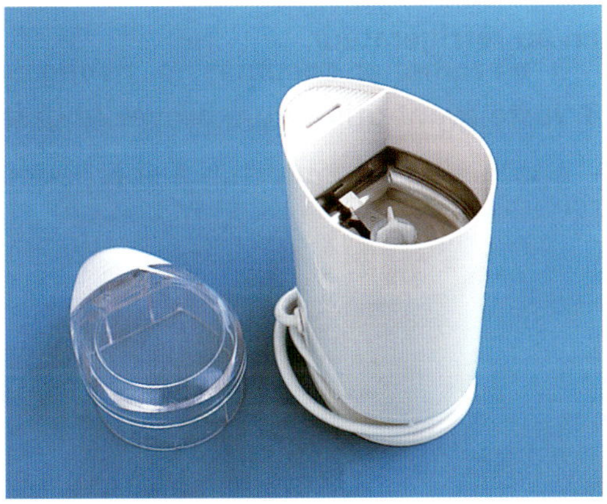

Moulin à épices

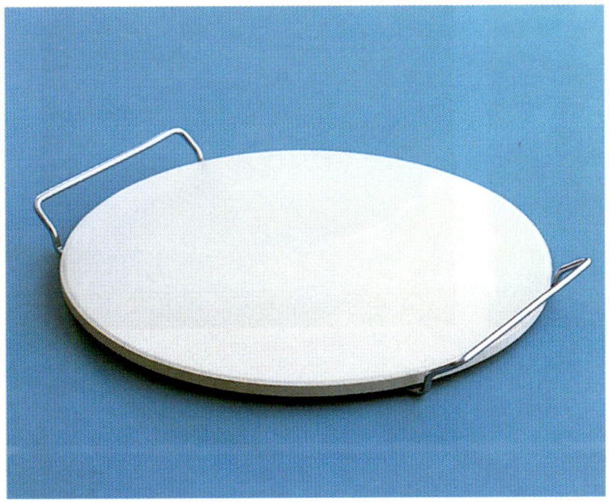

Pierre de cuisson

Tawa

Parãt Large écuelle destinée à pétrir les pâtes à pains, que vous pouvez remplacer par une grande jatte évasée.

Rouleau Le belan sert à abaisser les pâtes à pain. Utilisez votre rouleau à pâtisserie.

Écumoire Elle vous servira à retirer les aliments frits de leur bain d'huile et à les égoutter.

Moulin à épices Procurez-vous un moulin de très bonne qualité (celui d'Ajoy Joshi possède un accessoire permettant de broyer également les ingrédients frais). Toutefois, un moulin à café fera l'affaire, à condition de le réserver à cet usage. Les ingrédients frais seront broyés dans un petit mixer avec les épices moulues.

Pierre de cuisson Accessoire non indispensable, qui permet toutefois une cuisson saine, sans ajout de matière grasse. Utilisez une pierre en granit (évitez le calcaire), qu'il faut tout d'abord préparer : Placez-la dans le four et faites monter la température à 100 °C. Sortez-la et laissez-la tiédir dans l'évier. Remettez-la au four et chauffez progressivement jusqu'à 200 °C. Transférez de nouveau la pierre dans l'évier et laissez tomber une goutte d'eau sur un de ses bords : si elle s'évapore aussitôt en grésillant, et si la pierre ne se fend pas, cette dernière est prête à être utilisée ; laissez-la tiédir un instant puis réchauffez-la sur un des brûleurs de votre cuisinière à gaz.

Tawa Sorte de crêpière en fonte, circulaire ou carrée, destinée à la cuisson des dosai. Pour la préparer, voir la recette des Masala Dosai.

MÉLANGES ÉPICÉS DE BASE

baffad **masala**

Ingrédients

60 g de piments rouges séchés du Cachemire, émiettés

20 g de graines de coriandre

3 bâtonnets de cannelle, fragmentés en éclats

2 1/2 cuillerées à café de baies de poivre noir

4 cuillerées à café de clous de girofle

2 cuillerées à café de graines de cumin

2 1/2 cuillerées à café de curcuma moulu

Dans une grande sauteuse, mélangez les six premiers ingrédients et faites-les griller à feu doux, jusqu'à ce que leur arôme commence à se développer.

Transférez le mélange dans un bocal hermétique et ajoutez le curcuma. Agitez vigoureusement le bocal. Ce masala se conserve six mois au réfrigérateur.

Au moment de l'utiliser, broyez le baffad masala dans le moulin à épices. Il sert à assaisonner les Côtelettes d'Agneau Baffad (page 67).

Note : Vous pouvez remplacer les piments du Cachemire par des piments de Cayenne séchés.

sambhar **masala**

Ingrédients

75 g de graines de coriandre

30 g de piments de Cayenne séchés, émiettés

2 cuillerées à café de graines de fenugrec

1 1/2 cuillerée à café de graines de moutarde brune

1 cuillerée à café de graines de cumin

1 bâtonnet de cannelle de 1 cm

50 g de noix de coco râpée

une petite poignée de feuilles de curry fraîches

1 1/2 cuillerée à café d'assa foetida en poudre

Chauffez une petite sauteuse à feu doux. Faites griller tour à tour la coriandre, le piment, le fenugrec, la moutarde, le cumin et la cannelle, jusqu'à ce qu'ils colorent légèrement et deviennent odorants. Versez les épices dans une jatte.

Faites dorer la noix de coco, sans cesser de remuer. Incorporez-la au mélange épicé. Grillez également les feuilles de curry, en remuant de temps en temps. Ajoutez-les aux épices, avec l'assa foetida. Mélangez bien et laissez refroidir.

Transférez le mélange dans un bocal hermétique : il se conserve six mois au réfrigérateur.

Juste avant utilisation, broyez le mélange dans le moulin à épices.

rasam **masala**

Ingrédients

60 g de graines de coriandre

8 g de piments de Cayenne séchés, émiettés

1 1/2 cuillerée à café de graines de cumin

1 cuillerée à café de graines de moutarde brune

1 cuillerée à café de baies de poivre noir

une petite poignée de feuilles de curry fraîches

une grosse pincée d'assa foetida

Chauffez une petite sauteuse à feu doux. Faites griller tour à tour, à sec, la coriandre, le piment, le cumin, la moutarde et le poivre, jusqu'à ce qu'ils embaument et foncent légèrement. Versez les épices dans une jatte.

Faites sécher et griller les feuilles de curry, tout en remuant. Incorporez-les aux épices, avec l'assa foetida. Mélangez bien et laissez refroidir.

Transférez le mélange dans un bocal hermétique. Il se conserve six mois au réfrigérateur.

Juste avant usage, broyez le rasam masala dans le moulin à épices. Il vous permettra d'assaisonner les Tomates Rasam (page 41).

reiachado **masala**

Ingrédients

4 piments rouges séchés, émiettés

4 cuillerées à café de grains de poivre noir

1 cuill. à café de graines de cumin

6 cl de vinaigre blanc

4 cuillerées à café d'ail pressé

1 1/2 cuill. à café de pâte de tamarin

1/2 cuillerée à café de curcuma moulu

Broyez les piments, le poivre et le cumin dans le moulin à épices.

Dans une petite terrine, mélangez le vinaigre, l'ail et le tamarin. Incorporez les épices moulues et le curcuma, mélangez soigneusement. Laissez reposer le mélange de 10 à 20 minutes avant de l'utiliser, pour assaisonner notamment les Crevettes Reiachado (page 61).

bharuchi **garam masala**

Mélangez tous les ingrédients dans une terrine.

Transférez les épices dans un bocal hermétique : le mélange se conserve six mois au réfrigérateur.

Juste avant emploi, broyez le bharuchi garam masala dans le moulin à épices. Utilisez-le pour confectionner le Bharuchi Murghi (Poulet Parsi) (page 49).

Note : Ces épices ne doivent pas être grillées avant emploi.

Ingrédients

noix muscade râpée

3 bâtonnets de cannelle de 8 cm, fragmentés en éclats

1 ½ cuillerée à soupe de capsules de cardamome verte, entières

2 cuillerées à soupe de clous de girofle

3 cuillerées à café de grains de poivre noir

2 ½ cuillerées à soupe de macis

14 étoiles d'anis

samosas

Ingrédients

Pâte

375 g de farine

sel

3 cuillerées à soupe de beurre fondu

15 à 20 cl d'eau

huile de friture

Farce

500 g de pommes de terre à chair ferme, bouillies et refroidies

4 cuillerées à café d'huile

1 ½ cuillerée à café de graines de cumin

1 cuillerée à café de gingembre frais, haché fin

½ cuillerée à café de piment de Cayenne en poudre

1 petit piment vert frais, haché fin

un petit bouquet de coriandre fraîche, feuilles et tiges hachées

1 cuillerée à café de chat masala

le jus d'un citron

sel

Pâte : Tamisez la farine et le sel dans une terrine. Ajoutez le beurre, puis l'eau tiède. Mélangez à l'aide d'un couteau à bout rond, jusqu'à obtenir une pâte assez ferme. Assouplissez-la en la pétrissant brièvement. Enveloppez-la de film alimentaire et laissez-la reposer 20 minutes.

Farce : Épluchez les pommes de terre et écrasez-les grossièrement. Chauffez l'huile dans une petite sauteuse, à feu moyen. Faites brièvement rôtir les graines de cumin, pour les rendre odorantes. Ajoutez le gingembre en remuant. Incorporez les pommes de terre, le piment en poudre et le piment frais. Faites revenir 3 minutes, en remuant doucement. Ajoutez la coriandre, le chat masala, le jus de citron et le sel. Mélangez soigneusement. Retirez du feu et laissez refroidir.

1. Divisez la pâte en six portions égales. Façonnez chaque portion en ovale et abaissez-les au rouleau sur un plan fariné, pour les façonner en galettes de 23 cm de long sur 14 cm de large. Coupez chaque abaisse en deux dans le sens de la largeur.

2. Déposez un demi-ovale sur une main, le bord rectiligne contre votre index. Humectez-le de votre autre index.

3. Placez les doigts de l'autre main au centre de l'ovale et enroulez-le en cône. Pressez pour bien souder les bords.

4. Maintenez le cône, ouverture vers le haut. Garnissez-le d'un douzième de la farce, humectez les bords et soudez-les en les pressant l'un contre l'autre.

Déposez le samosa sur une feuille de papier sulfurisé farinée. Confectionnez les autres samosas.

Remplissez un karkhaï ou un wok d'huile, sur une hauteur de 12 cm. Chauffez l'huile à 190 °C, sur feu moyen à vif. Déposez délicatement les samosas dans la friture et faites-les cuire 3-4 minutes en les retournant fréquemment ; lorsqu'ils sont brun doré et croustillants, retirez-les à l'écumoire et égouttez-les sur du papier absorbant. Servez sans attendre.

Pour 12 samosas

1

2

3

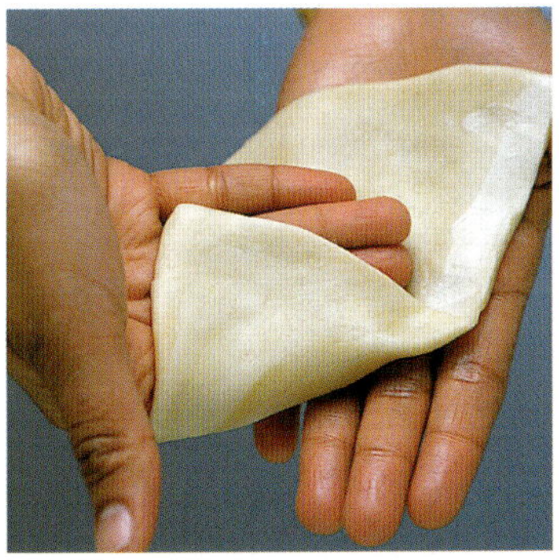

4

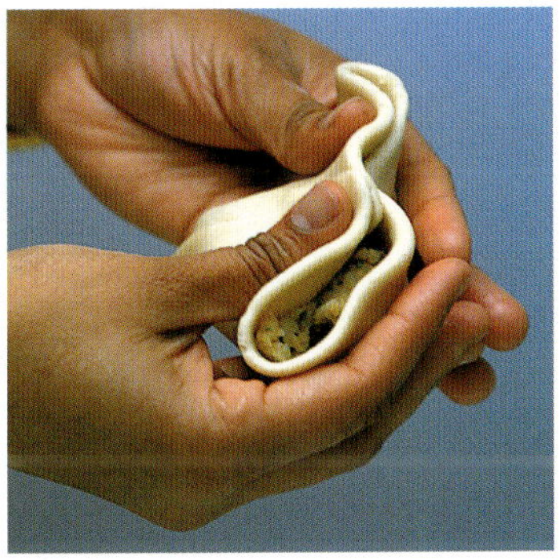

pakoras **de légumes**

Ingrédients

PÂTE À BEIGNETS

400 g de farine de pois chiches (besan)

1 cuillerée à café de graines de carom

1/2 cuillerée à café de poudre de piment

sel

4 cuillerées à soupe d'huile

30 cl d'eau environ

huile de friture

1 poivron rouge, épépiné et découpé en dés de 1 cm

1 pomme de terre à chair ferme, épluchée et coupée en dés de 1 cm

1 gros oignon, rouge ou jaune, découpé en dés de 1 cm

1 aubergine ronde moyenne, non épluchée, coupée en dés de 1 cm

Pâte à beignets : Dans une terrine, mélangez la farine, le carom, le piment et le sel. Chauffez l'huile dans une petite sauteuse jusqu'à ce qu'elle commence à fumer puis versez-la vivement dans la farine, tout en remuant. Mouillez avec assez d'eau pour obtenir une pâte onctueuse.

Remplissez un kharaï ou un wok d'huile, sur une hauteur de 8 cm. Chauffez l'huile à 190 °C, sur feu moyen à vif. Pendant ce temps, immergez les légumes dans la pâte; mélangez bien.

Avec précaution, déposez 7 ou 8 pakoras environ dans la friture, chacun accompagné d'une cuillerée à soupe rase de pâte à beignets. Faites-les dorer 1 ou 2 minutes de chaque côté, puis retirez-les avec une écumoire. Déposez-les sur du papier absorbant. Poursuivez la cuisson des autres pakoras.

Juste avant de servir, repassez les pakoras 1 ou 2 minutes dans la friture, afin qu'ils soient bien dorés et croustillants. Égouttez-les de nouveau et servez-les aussitôt, accompagnés de Raita à la menthe (page 107).

Pour 28 pakoras environ

Note : Vous pouvez procéder à la première friture quelques heures à l'avance (6 h au maximum). Les pakoras sont tout aussi délicieux si les légumes sont émincés en rondelles.

boulettes aux pois cassés blonds

paruppu vadai

Ingrédients

300 g de pois cassés blonds (channa dal)

1 oignon, haché

un petit bouquet de coriandre fraîche, feuilles et tiges hachés

2 cuillerées à café de gingembre frais, broyé

2 cuillerées à café d'ail pressé

2 piments verts frais, hachés fin

4 cuillerées à café de graines de fenouil

1 ½ cuillerée à café de graines de cumin

18 feuilles de curry, finement hachées

sel

huile pour friture

Raita à la menthe (page 107)
ou Raita au concombre (page 107),
en accompagnement.

Faites tremper les pois cassés 2 heures à couvert dans un grand bol d'eau chaude. Égouttez en conservant 25 cl de liquide.

Broyez les pois cassés dans le bol du mixer, en ajoutant, si nécessaire, 1 ou 2 cuillerées à soupe d'eau de trempage pour obtenir une pâte lisse et épaisse. Ajoutez l'oignon, la coriandre, le gingembre, les piments, le fenouil, le cumin, les feuilles de curry et le sel. Mixez de nouveau afin de hacher et d'incorporer les épices de façon homogène.

Façonnez une boulette avec 2 cuillerées à soupe de mixture et déposez-la sur une feuille de papier sulfurisé. Confectionnez les autres boulettes.

Remplissez un kharaï ou un wok d'huile, sur une hauteur de 8 cm environ. Chauffez l'huile à 190 °C sur feu moyen à vif. Ne faites dorer que 6 boulettes à la fois, 1 ou 2 minutes. Retirez-les avec une écumoire et égouttez-les sur du papier absorbant.

Juste avant de servir, repassez-les 1 ou 2 minutes à la friture, et égouttez-les de nouveau. Servez les boulettes immédiatement, accompagnées de sauce raita.

Pour 22 boulettes environ

Note : La première friture peut s'effectuer jusqu'à six heures à l'avance.

soupe **aux épinards**

caldo verde

Ingrédients

2 cuillerées à soupe d'huile

2 oignons, émincés en fines rondelles

4 gousses d'ail, pressées

1/2 cuillerée à café de curcuma moulu

1 bouquet de feuilles d'épinard, équeutées, rincées et hachées

40 cl de lait

40 cl de bouillon de volaille, de bouillon de légumes, ou d'eau

4 cuillerées à café de beurre congelé

1/2 cuillerée à café de noix muscade râpée

sel et poivre du moulin

crème fraîche épaisse, en garniture

Dans une cocotte, chauffez l'huile à feu modéré. Ajoutez les oignons et faites-les fondre 5 minutes environ, tout en remuant. Incorporez l'ail et le curcuma, et faites cuire 30 secondes, en remuant. Jetez les épinards dans la cocotte et faites-les sauter en chiffonnade. Retirez du feu et laissez tiédir.

Mixez les épinards en purée onctueuse, en ajoutant un peu de lait si nécessaire. Remettez-la purée sur le feu.

Mouillez avec le reste du lait et le bouillon, et portez à ébullition sur feu modéré. Laissez frémir 3 minutes, à découvert. Ajoutez le beurre, la noix muscade, le sel et le poivre. Laissez mijoter encore 2 minutes.

Répartissez la soupe dans les bols et décorez d'un tourbillon de crème fraîche.

Pour 4 à 6 personnes

POULET

poulet **chettinad**

Ingrédients

1 kg de chair de poulet désossée, détaillées en dés

12 cl de lait fermenté

15 cl de mélange huile et beurre fondu

1 bâtonnet de cannelle de 2-3 cm

3 graines de cardamome vertes, concassées

3 clous de girofle

1 cuillerée à café d'assa foetida en poudre

5 oignons hachés

2 ½ cuillerées à soupe de gingembre frais, pilé

2 ½ cuillerées à soupe d'ail pressé

3 ou 4 cuillerées à café de poudre de piment

2 ½ cuillerées à soupe de graines de coriandre moulues

4 cuill. à café de curcuma moulu

sel

8 tomates, hachées

50 g de coriandre fraîche, hachée

2 cuillerées à soupe de poivre noir concassé

18 feuilles de curry

Riz Basmati à la vapeur (page 92) en accompagnement

Dans une terrine en verre ou en céramique, mélangez le poulet avec le lait fermenté. Laissez-le mariner quelques instants au réfrigérateur.

Dans un kharaï ou une grande sauteuse, chauffez le mélange d'huile et de beurre fondu à feu moyen. Faites griller 30 secondes la cannelle, la cardamome et les clous de girofle. Ajoutez immédiatement l'assa foetida, puis les oignons. Faites-les rissoler de 10 à 15 minutes à découvert, en remuant fréquemment. Ajoutez le gingembre et l'ail, remuez 1 minute. Incorporez le piment, les graines de coriandre, le curcuma et un peu de sel. Mélangez 1 minute environ, jusqu'à ce que le mélange devienne odorant. Ajoutez les tomates et laissez mijoter de 10 à 15 minutes à découvert. Remuez de temps en temps, jusqu'à réduction de la sauce.

Incorporez le poulet et sa marinade. Poursuivre la cuisson de 5 à 10 minutes, pour une cuisson bien à cœur. Ajoutez la coriandre fraîche, le poivre et les feuilles de curry. Mélangez soigneusement. Servez avec du riz cuit à la vapeur.

Pour un repas à l'indienne de 8 à 10 convives

poulet braisé

dum ka murgh

Dans une terrine en verre ou en céramique, mélangez le yaourt, le gingembre, l'ail, le curcuma, le sésame, les amandes et le sel. Ajoutez le poulet, couvrez et laissez mariner 1 h 30 au réfrigérateur.

Broyez la cannelle, la cardamome, les clous de girofle et le cumin dans le moulin à épices. Réservez.

Dans une grande sauteuse, chauffez le mélange d'huile et de beurre fondu à feu moyen. Faites dorer et confire les oignons 15 minutes environ, en remuant souvent. Ajoutez le poulet et mélangez. Réduisez à feu doux et faites cuire le poulet de 20 à 25 minutes, à découvert, en le retournant de temps en temps.

Incorporez les épices moulues et le jus de citron. Laissez mijoter 2 minutes. Servez avec du riz.

Pour un repas à l'indienne de 8 à 10 convives

Ingrédients

4 yaourts

1 cuillerée à café de gingembre frais, pilé

1 cuillerée à café d'ail pressé

1/2 cuillerée à café de curcuma moulu

1 1/2 cuillerée à soupe de graines de sésame moulues

8 amandes mondées, moulues

sel

1 kg de blancs de poulet, découpés en deux ou en quatre

1 bâtonnet de cannelle de 2-3 cm, fragmenté en éclats

2 graines de cardamome vertes

4 clous de girofle

1/2 cuillerée à café de graines de cumin

12 cl de mélange huile et beurre fondu

3 oignons, finement émincés

le jus de 2 citrons

Riz Basmati à la vapeur (page 92) en accompagnement

poulet au **piment**

Ingrédients

1 bâtonnet de cannelle de 8 cm

2 cuillerées à café de cardamome verte

2 cuillerées à café de clous de girofle

1 cuillerée à café de baies de poivre noir

20 g de coriandre fraîche hachée

36 feuilles de curry

le jus d'un citron

4 cuillerées à café de piments verts frais, hachés fin

4 cuillerées à café de gingembre frais, râpé

4 cuillerées à café d'ail pressé

2 cuillerées à café de pâte de tamarin

1 cuillerée à café de curcuma moulu

sel

1 kg de cuisses de poulet désossées, coupées en 4

2 cuillerées à soupe d'huile

Préchauffez le four à 240 °C (th. 9).

Dans le moulin à épices, broyez la cannelle, la cardamome, les clous de girofle et le poivre. Transférez les épices en poudre dans le mixer et ajoutez la coriandre fraîche, les feuilles de curry, le jus de citron, le piment, le gingembre, l'ail, le tamarin, le curcuma et le sel. Mixez le tout en pâte homogène.

Dans une terrine en verre mélangez le poulet et la pâte épicée. Laissez mariner de 10 à 15 minutes.

Badigeonnez d'huile une feuille de papier sulfurisé avant d'y déposer les morceaux de poulet enrobés de leur marinade. Faites cuire 20 minutes, sans retourner la viande. Servez immédiatement.

Pour un repas à l'indienne de 8 à 10 convives

Note : Accompagnez le poulet d'une salade composée d'un oignon et de deux oignons verts coupés en dés.

poulet sauce au beurre

Effilez les morceaux de poulet en quatre. Mettez-les dans une terrine en verre ou en céramique et arrosez-les avec 4 cuillerées à café de vinaigre ou de jus de citron. Remuez bien, puis réservez.

Broyez les graines de coriandre, la cannelle, la cardamome et les clous de girofle dans le moulin à épices. Dans une jatte, mélangez la poudre d'épices avec le curcuma, le piment, le paprika, la noix muscade, le macis, le reste de vinaigre ou de jus de citron, le yaourt, l'ail, le gingembre, l'huile et un peu de sel. Recouvrez le poulet de cette mixture, remuez et laissez mariner 30 minutes au réfrigérateur.

Préchauffez le four à 240 °C (th. 9). Graissez un plat à rôtir et déposez-y les morceaux de poulet, côte à côte. Faites-les cuire 10 minutes, sans les retourner. Sortez le plat du four et réservez.

Sauce : Dans un deghchi ou une grande sauteuse, chauffez le mélange huile et beurre fondu à feu modéré. Faites rissoler les oignons de 15 à 20 minutes, avec 1 cuillerée à café de sel. Ajoutez l'ail et le gingembre, remuez 2 minutes; ajoutez le piment en poudre, le curcuma, les piments verts et laissez cuire 1 minute. Incorporez les tomates et faites réduire de 5 à 10 minutes à découvert, en remuant souvent.

Incorporez la crème et le beurre. Ajoutez le poulet, le miel et le fenugrec. Faites cuire encore 5 minutes, en remuant souvent. Incorporez la coriandre fraîche, et salez si nécessaire. Servez sans attendre.

Pour un repas à l'indienne de 10 convives

Ingrédients

- 1 kg de cuisses de poulet, désossées
- 6 cl de vinaigre blanc ou de jus de citron
- 15 g de graines de coriandre
- 1 bâtonnet de cannelle de 5 cm, cassé en plusieurs morceaux
- 5 graines de cardamome vertes ou noires
- 10 graines de cardamome vertes
- 1 cuillerée à café de clous de girofle
- 3 cuillerées à café de curcuma moulu
- 2 cuillerées à café de poudre de piment
- 2 cuillerées à café de paprika
- 1 cuillerée à café de noix muscade moulue
- 1 cuillerée à café de macis moulu
- 1/2 yaourt
- 2 1/2 cuillerées à soupe d'ail pressé
- 2 1/2 cuillerées à soupe de gingembre frais, râpé
- 2 1/2 cuillerées à soupe d'huile
- sel

SAUCE

- 12 cl de mélange huile et beurre fondu
- 1 kg d'oignons, hachés
- 1 cuillerée à café de sel
- 2 1/2 cuillerées à soupe de gingembre frais, râpé
- 2 1/2 cuillerées à soupe d'ail pressé
- 2 cuillerées à café de piment en poudre
- 3 cuillerées à café de curcuma moulu
- 2 cuillerées à café de piments verts frais, hachés
- 1 kg de tomates, concassées et mixées en coulis
- 15 cl de crème fraîche épaisse
- 60 g de beurre
- 4 cuillerées à café de miel
- 2 cuillerées à soupe de feuilles de fenugrec séchées
- 15 g de coriandre fraîche hachée

Ingrédients

1, 5 kg de crabes bleus ou de crabes mous

25 g de graines de coriandre

25 cl de mélange huile et beurre fondu

1 bâtonnet de cannelle de 2-3 cm

3 graines de cardamome vertes

3 clous de girofle

1 kg d'oignons, hachés

1 cuillerée à café de sel

2 1/2 cuillerées à soupe de gingembre frais râpé

2 1/2 cuillerées à soupe d'ail pressé

1 cuillerée à café de poudre de piment

4 cuillerées à café de curcuma moulu

1 kg de tomates non pelées, hachées finement

50 g de coriandre fraîche hachée

18 feuilles de curry, grossièrement ciselées

4 cuillerées à café de baies de poivre noir

Riz Basmati à la vapeur (page 92) en accompagnement

Étape par étape

crabe chettinad

1. Débarrassez les crabes de leur carapace dorsale et ôtez les parties fibreuses adhérant aux chairs.

2. Rincez les crabes à l'eau courante. Avec un couteau tranchant, détaillez-les en quatre morceaux. Réservez.

Dans le moulin à épices, réduisez les graines de coriandre en poudre. Réservez.

Dans un deghchi ou une grande sauteuse, chauffez le mélange d'huile et de beurre fondu à feu doux. Ajoutez la cannelle, la cardamome et les clous de girofle. Chauffez-les 30 secondes environ, jusqu'à ce qu'ils deviennent odorants. Ajoutez les oignons et le sel, faites rissoler à découvert de 15 à 20 minutes.

Ajoutez le gingembre et l'ail. Laissez cuire 1 minute, puis incorporez la coriandre moulue, le piment et le curcuma. Remuez pendant 1 minute. Ajoutez les tomates et faites-les cuire une dizaine de minutes. Ajoutez enfin les crabes et faites mijoter de 15 à 20 minutes à couvert, en les retournant de temps en temps, jusqu'à ce que les carapaces virent au rouge.

Retirez les crabes et déposez-les sur un plat. Incorporez la coriandre fraîche, les feuilles de curry et les baies de poivre à la sauce, mélangez soigneusement. Ajoutez un peu de sel si nécessaire. Remettez les crabes dans la sauteuse et enrobez-les bien de sauce avant de servir.

1

2

Pour un repas à l'indienne de 8 convives

poisson à la **noix de coco**

meen kozhambu

Retirez les peaux adhérant aux filets. Découpez le poisson en morceaux de 2 cm x 5 cm. Réservez.

Dans un karhai ou un wok, chauffez l'huile à feu doux et ajoutez les graines de moutarde. Lorsqu'elles crépitent, ajoutez le fenugrec et les piments séchés et faites-les cuire 30 secondes, en remuant. Incorporez l'oignon et faites-le fondre 1 minute, en remuant. Ajoutez le gingembre et l'ail, remuez 1 minute ; ajoutez les feuilles de curry, le curcuma et le piment en poudre, remuez de nouveau 30 secondes, ajoutez les tomates et faites-les cuire 3 minutes environ. Versez la crème de coco et le tamarin, salez.

Ajoutez le poisson et laissez mijoter 5 minutes à couvert. Arrosez de jus de citron et servez de suite, avec un plat de riz.

Pour un repas à l'indienne de 8 convives

Ingrédients

500 g de filets de poisson à chair blanche

3 cuillerées à soupe d'huile

1 cuillerée à café de graines de moutarde brune ou noire

1/2 cuillerée à café de graines de fenugrec

3 piments séchés

500 g d'oignons, coupés en deux et finement émincés

2 cuillerées à soupe de gingembre frais râpé

2 cuillerées à soupe d'ail pressé

36 feuilles de curry

3 cuillerées à café de curcuma moulu

de 2 à 4 cuillerées à soupe de poudre de piment

2 tomates, concassées

40 cl de crème de coco

1 cuillerée à café de pâte de tamarin

sel

le jus d'un demi-citron

Riz Basmati à la vapeur (page 92) en accompagnement

poisson de **Goa**

Ingrédients

de 30 à 40 g de piments de Cayenne séchés

20 g de graines de coriandre

20 g de graines de cumin

8 cl de vinaigre blanc

1 cuillerée à soupe de gingembre frais, râpé fin

2 cuillerées à café de curcuma moulu

12 cl de mélange huile et beurre fondu

500 g d'oignons, coupés en deux et émincés

2 grosses tomates, coupées en quartiers

2 piments verts frais, fendus en long

60 cl de lait de coco

sel

1 kg de filets de poisson à chair blanche

Riz Basmati à la vapeur (page 92), en accompagnement

Broyez les piments séchés, les graines de coriandre et le cumin dans le moulin à épices. Dans une jatte, délayez cette poudre avec le vinaigre, le gingembre, l'ail et le curcuma, pour obtenir une pâte. Réservez.

Dans un kharaï ou un wok, chauffez le mélange d'huile et de beurre fondu à feu modéré. Ajoutez l'oignon et faites-le fondre une dizaine de minutes, à découvert. Incorporez la pâte épicée et remuez 3 minutes, jusqu'à ce qu'elle devienne odorante. Ajoutez les tomates, les piments verts et le lait de coco. Faites mijoter 5 minutes à découvert, en remuant souvent. Salez.

Si les filets sont gros, détaillez-les en 8-10 portions. Ajoutez-les à la sauce et faites-les cuire 5 minutes, à découvert, jusqu'à ce que la chair se détache à la fourchette. Servir chaud, avec un plat de riz à la vapeur.

Pour un repas à l'indienne de 8 à 10 convives

Note : Diminuez la quantité de piments séchés si vous souhaitez un mets moins relevé.

Étape par étape

poisson en **papillote**

patra ni machchi

Ingrédients

la chair d'une noix de coco fraîche (de 350 à 400 g), hachée grossièrement

6 piments verts frais, hachés gros

30 g de coriandre fraîche hachée

20 g de menthe fraîche hachée

6 cl d'huile

2 cuillerées à café d'ail pilé

1/2 cuillerée à café de curcuma moulu

1 cuillerée à café de graines de cumin

le jus de 2 citrons verts

une pincée de sucre

sel

5 feuilles de bananier, débarrassées de leur nervure centrale

1 kg de filets de poisson à chair blanche, détaillé en 10 portions

quartiers de citron vert

Dans le bol du mixer, confectionnez un chutney avec la noix de coco, les piments, la coriandre, la menthe, l'huile l'ail, le curcuma, le cumin, le jus de citron, et le sel. Divisez le mélange en 10 portions et réservez.

Passez lentement chacune des feuilles de bananier sur la flamme, jusqu'à ce qu'elle prenne une belle couleur verte. Vous pouvez aussi préparer les feuilles en les déposant dans une poêle bien chaude. Laissez tiédir puis découpez les feuilles en rectangles assez grands pour la confection des papillotes.

1. Déposez une portion de poisson sur un rectangle. Recouvrez-le de chutney de noix de coco.

2. Repliez la feuille en papillote et nouez-la avec de la ficelle à rôti. Confectionnez les autres papillotes.

Disposez les papillotes dans un grand panier à vapeur en bambou. Posez le panier sur un large wok rempli à mi-hauteur d'eau bouillante. Faites cuire de 12 à 15 minutes, puis vérifiez la cuisson du poisson à la fourchette. Servez chaud, avec des quartiers de citron vert.

Pour un repas à l'indienne de 10 convives

Note : La chaleur assouplit les feuilles de bananier : elles se plient alors facilement. Si vous ne pouvez vous en procurer, utilisez du papier d'aluminium ou du papier sulfurisé

1

2

bœuf **vindaloo**

bife vindalho

Ingrédients

5 piments de Cayenne séchés, émiettés

1 cuillerée à café de graines de cumin

1 cuillerée à soupe de baies de poivre noir

1 1/2 cuillerée à soupe de gingembre frais râpé

1 1/2 cuillerée à soupe d'ail pressé

1/2 cuillerée à café de curcuma moulu

20 cl de mélange huile et beurre fondu

750 g d'oignons, hachés menu

1 cuillerée à café de sel

1 kg de paleron, dégraissé et coupé en dés de 4 cm

1 l d'eau environ

4 piments verts frais, fendus en longueur

12 cl de vinaigre blanc

1/2 cuillerée à café de pâte de tamarin

1/2 cuillerée à café de sucre

Riz basmati à la Vapeur (page 92), en accompagnement

Broyez les piments séchés, le cumin et le poivre dans un moulin à épices. Mélangez avec le gingembre, l'ail et le curcuma. Réservez.

Dans un kharaï ou une grande sauteuse, chauffez le mélange d'huile et de beurre fondu à feu modéré. Faites dorer les oignons de 20 à 25 minutes avec le sel, en remuant fréquemment. Augmentez la flamme et ajoutez la viande. Faites revenir les dés de viande 5 minutes à feu vif, en les retournant. Incorporez les épices moulues et remuez 2 minutes environ, pour qu'elles deviennent odorantes.

Couvrez la viande d'eau. Ajoutez les piments verts et portez à légère ébullition. Couvrez à demi et laissez mijoter 1 heure à feu doux, en remuant de temps en temps, jusqu'à ce que le liquide ait réduit de moitié.

Incorporez le vinaigre, le tamarin et le sucre. Ajoutez un peu de sel si nécessaire. Laissez réduire une trentaine de minutes, à découvert. Servez chaud, avec un plat de riz à la vapeur.

Pour un repas à l'indienne de 8 à 10 convives

agneau **biryani**

kachche gosht ki biryani

Préchauffez le four à 240 °C (th. 9).

Dans une jatte en verre ou en céramique, mélangez les oignons et une cuillerée à café de sel. Réservez.

Dans un deghchi ou une large cocotte, chauffez à feu modéré le mélange d'huile et de beurre fondu. Ajoutez les oignons et faites-les dorer de 20 à 25 minutes, à découvert, en remuant souvent. Égouttez-les dans une passoire et récupérez le jus de cuisson.

Pendant la cuisson des oignons, préparez la pâte à luter : dans une jatte, mélangez la farine avec suffisamment d'eau pour obtenir une pâte assez molle. Pétrissez-la légèrement pour l'assouplir. Couvrez et réservez.

Dans une grande terrine en verre, mélangez le yaourt, la coriandre, la menthe, les piments verts, le gingembre, l'ail, le garam masala, le piment moulu, le curcuma et un peu de sel. Ajoutez les oignons cuits, la viande et le lait safrané. Mélangez soigneusement. Étalez cette préparation au fond de la cocotte.

Égouttez le riz. Mettez-le dans une casserole et couvrez-le d'eau bouillante. Salez. Portez à ébullition à feu vif et laissez cuire 7 minutes. Égouttez de nouveau le riz et recouvrez-en la viande, puis arrosez avec le jus de cuisson des oignons. Couvrez. Roulez la pâte en boudin de longueur légèrement supérieure au diamètre de la cocotte. Scellez hermétiquement le couvercle et la cocotte en pressant le boudin de pâte sur leur contour.

Réchauffez la cocotte 5 minutes à feu assez vif, puis transférez-la dans le four. Abaissez la température à 200 °C (th. 6) et faites cuire 40 minutes. Retirez la cocotte du four et laissez reposer 15 minutes avant de briser la croûte et d'ôter le couvercle. Servez directement dans la cocotte, ou renversez-la précautionneusement sur un grand plat de service (mieux vaut faire cela à deux). Arrosez de jus de citron et dégustez sans attendre, accompagné de churri.

Pour un repas à l'indienne de 10 à 12 convives

Note : Vous pouvez remplacer la pâte à luter par une longue bande de papier d'aluminium, roulée et entortillée.

Ingrédients

4 oignons, coupés en deux et émincés finement

1 cuillerée à café de sel

25 cl de mélange huile et beurre fondu

2 1/2 yaourts

50 g de coriandre fraîche hachée

50 g de menthe fraîche hachée

6 piments verts frais, hachés

1 1/2 cuillerée à soupe de gingembre frais râpé très fin

1 1/2 cuillerée à soupe d'ail pressé

1 1/2 cuillerée à soupe de Garam Masala (page 28)

2 cuillerées à soupe de piment en poudre

1 1/2 cuillerée à soupe de curcuma moulu

1 kg d'épaule d'agneau désossée, coupée en dés

une pincée de stigmates de safran, trempés 10 minutes dans 2 cuillerées à soupe de lait chaud

1 kg de riz basmati, rincé et trempé 20 minutes à couvert dans de l'eau froide

eau bouillante

le jus d'un citron

Churri (page 106) en garniture

Pâte à luter

450 g de farine complète

25 cl d'eau environ

agneau **roganjosh**

Ingrédients

1 kg d'épaule d'agneau, découpée en dés

4 yaourts battus

1 cuillerée à soupe de sel

15 cl de mélange huile et beurre fondu

un bâtonnet de cannelle de 2-3 cm

20 graines de cardamome vertes

5 graines de cardamome noires

1 cuillerée à café de clous de girofle

1 kg d'oignons, hachés

2 cuillerées à soupe de gingembre frais, râpé fin

2 cuillerées à soupe d'ail pressé

4 cuillerées à café de piment en poudre

2 cuillerées à café de curcuma moulu

15 g de coriandre fraîche hachée

1 1/2 cuillerée à café de Garam Masala (page 28)

Riz Basmati à la Vapeur (page 92) ou Parathas (page 101), en accompagnement.

Dans une grande jatte, mélangez l'agneau, le yaourt et 1/2 cuillerée à café de sel. Laissez reposer 10 minutes.

Dans un kharaï ou une grande sauteuse, chauffez le mélange d'huile et de beurre fondu à feu modéré. Ajoutez la cannelle, la cardamome et les clous de girofle. Remuez 30 secondes, pour en développer les arômes. Versez les oignons et 1/2 cuillerée à café de sel ; faites-les rissoler de 20 à 25 minutes, à découvert, en remuant fréquemment.

Incorporez l'ail et le gingembre, et remuez 30 secondes. À l'aide d'une cuillère, écopez l'excédent de matière grasse.

Ajoutez la viande et le yaourt, le piment et le curcuma ; mélangez avec soin. Couvrez et laissez mijoter de 45 à 60 minutes à feu doux. Incorporez la coriandre et le garam masala. Salez si nécessaire, et servez chaud avec du riz ou des parathas.

Pour un repas à l'indienne de 8 à 10 convives

Note : Remplacez éventuellement l'agneau par de la viande de chevreau.

Pr

Da
pi
m
bi

B
le
ju

D
d
a

P

fromage frais **aux épinards**

palak paneer

Ingrédients

2 bouquets d'épinards, équeutés et rincés

$1\frac{1}{2}$ cuill. à café de curcuma moulu

2 cuillerées à soupe d'eau

3 cuillerées à soupe de mélange huile et beurre fondu

4 cuill. à café de graines de cumin

3 oignons, hachés

$\frac{1}{2}$ cuillerée à café de sel

2 cuillerées à soupe de graines de coriandre concassées

$1\frac{1}{2}$ cuillerée à soupe de gingembre frais râpé

2 piments verts frais, hachés fin

1 cuill. à café de poudre de piment

3 tomates, hachées

1 portion de Paneer (page 70) détaillée en dés de 2-3 cm

1 cuillerée à café de feuilles de fenugrec séchées

Chappatis (page 98) en accompagnement

Mettez les épinards dans une grande sauteuse. Dans un bol, délayez $\frac{1}{2}$ cuillerée à café de curcuma dans l'eau, et versez-le dans la sauteuse. Chauffez de 3 à 5 minutes à feu assez vif, pour chiffonner les feuilles d'épinards. Retirez du feu, éliminez l'eau en excédent et laissez tiédir. Avec le mixer, réduisez les épinards en purée. Réservez.

Dans un kharaï ou un wok, chauffez le mélange d'huile et de beurre fondu à feu modéré. Faites revenir 30 secondes les graines de cumin. Ajoutez les oignons et le sel, et faites fondre 5 minutes environ.

Incorporez les graines de coriandre, le gingembre, les piments et le piment en poudre, ainsi que le reste du curcuma. Faites cuire 2 ou 3 minutes en remuant.

Ajoutez les tomates et laissez-les réduire 5 minutes environ, en remuant de temps en temps. Incorporez les épinards. Ajoutez les dés de paneer, en les enrobant délicatement de sauce. Couvrez et réchauffez le paneer 2 ou 3 minutes. Parsemez de feuilles de fenugrec et servez avec des chapattis.

Pour un repas à l'indienne de 10 convives

Note : L'ajout de curcuma avant cuisson permet aux épinards de garder une belle couleur verte.

Ingrédients

650 g de farine de riz ou de riz moulu

150 g de farine de lentilles noires cassées

sel

eau froide

10 cl de mélange huile et beurre fondu

Étape par étape

galettes de riz

dosai

Dans une jatte, mélangez 60 g de farine de riz avec 2 cuillerées à soupe de farine de lentilles et une pincée de sel. Creusez un puits central et délayez avec assez d'eau pour obtenir une pâte à crêpes épaisse. Couvrez et laissez reposer 12 heures (une nuit) dans un endroit tiède.

Le lendemain, préparez une pâte identique dans une seconde jatte. Versez une bonne cuillerée à soupe de la pâte de la veille dans cette nouvelle préparation et jetez le reste. Couvrez ce nouveau mélange et laissez reposer 12 heures (une nuit) dans un endroit tiède.

1. Le lendemain, mélangez dans une terrine le reste des farines avec une pincée de sel. Délayez avec assez d'eau pour obtenir une consistance crémeuse. Versez une bonne cuillerée à soupe de pâte de la veille dans ce nouveau mélange, et jetez le reste. Couvrez la nouvelle pâte et laissez-la reposer 12 heures (une nuit) dans un endroit tiède. À ce stade, la pâte devra avoir gonflé de la moitié de son volume.

2. Cuisson des galettes : chauffez un tawa ou une lourde crêpière à feu vif et saupoudrez-la abondamment de sel. Au bout de 3 ou 4 minutes, balayez le sel à l'aide d'un linge propre. Votre crêpière est prête à être utilisée.

Pour atteindre la température idéale, chauffez la crêpière 2 minutes à feu moyen. Aspergez-la légèrement de mélange d'huile et de beurre fondu, puis d'eau. Si l'eau crépite immédiatement au contact de l'huile, la crêpière est assez chaude. Essuyez-la

3. Avec un petit récipient métallique à fond plat, versez 8 cl de pâte au centre de la crêpière. Étalez-la à l'aide du fond du récipient, en effectuant un mouvement concentrique. Répétez l'opération en élargissant la galette vers le bord, pour obtenir une galette de 18 à 20 cm de diamètre.

4. Arrosez la galette avec 1 cuillerée à café de matière grasse et faites-la cuire jusqu'à ce que l'envers soit doré et croustillant. Déposez la garniture au centre de la galette, avant de l'enrouler ou de la plier. Dressez la galette sur un plat. Confectionnez les autres galettes.

Pour 10 à 12 galettes

Note : Pour un résultat parfait, commencez la préparation de la pâte trois jours à l'avance.

1

2

3

4

galettes aux pommes de terre **et aux lentilles**

masala dosai

Ingrédients

SAMBHAR (sauce à base de pois)

300 g de pois cassés jaunes, rincés et égouttés

2 l d'eau

1 cuillerée à café de curcuma moulu

500 g de tomates concassées

2 oignons, hachés

3 cuillerées à soupe de Sambhar Masala (page 30)

2 cuillerées à café de pâte de tamarin

18 feuilles de curry

sel

30 g de coriandre fraîche hachée

PALLYA (garniture)

2 cuillerées à soupe d'huile

1 1/2 cuillerée à café de graines de moutarde

1 cuillerée à soupe de pois chiches cassés

1 cuillerée à soupe de lentilles noires cassées

4 piments rouges séchés

1/2 de cuillerée à café d'assa foetida en poudre

2 1/2 cuillerées à café de curcuma moulu

18 feuilles de curry

2 oignons, coupés en deux et finement émincés

1/2 cuillerée à café de sel

1 kg de pommes de terre cuites, réduites en purée grossière

30 g de coriandre fraîche hachée

1 préparation pour Dosai (page 74)

Chutney à la Noix de coco (page 102), en garniture

Sambhar : Mettez les pois, l'eau et le curcuma dans une grande sauteuse et portez à ébullition. Réduisez la flamme et faites cuire 30 minutes, à demi couvert. Ajoutez les tomates et les oignons puis poursuivez la cuisson 30 minutes, en remuant de temps en temps. Incorporez le sambhar masala, le tamarin, les feuilles de curry et le sel. Portez à ébullition. Rectifiez l'assaisonnement si nécessaire, puis ajoutez la coriandre. Couvrez à demi et gardez au chaud.

Pallya : Chauffez l'huile à feu modéré dans une cocotte. Jetez-y les graines de moutarde. Lorsqu'elles crépitent, ajoutez les pois chiches et les lentilles, et faites-les colorer 30 secondes, sans les brûler. Incorporez les piments et l'assa foetida, en remuant 15 secondes. Ajoutez le curcuma et les feuilles de curry, remuez 15 secondes. Versez les oignons et 1/2 cuillerée à café de sel, faites fondre 5 minutes environ. Ajoutez la purée et la coriandre puis mélangez 2 ou 3 minutes. Rectifiez l'assaisonnement si nécessaire. Couvrez et réservez.

Confectionnez les dosai comme indiqué page 74. Garnissez chaque dosai d'un dixième de la purée épicée, repliez-les et dressez-les sur le plat de service. Servez les dosai immédiatement, accompagnés de sambhar et de chutney.

Pour 10 à 12 galettes fourrées

Note : Faites cuire les galettes l'une après l'autre, juste avant de servir. Le sambhar peut être préparé trois jours à l'avance, le chutney un jour à l'avance et le pallya de pommes de terre six heures à l'avance.

Ingrédients

100 g de lentilles noires, rincées et égouttées

60 g de haricots rouges, rincés et égouttés

60 g de pois chiches cassés, rincés et égouttés

un bâtonnet de cannelle de 6 cm

3 graines de cardamome vertes, fendues

3 clous de girofle

1 1/2 cuillerée à soupe de gingembre frais râpé

1 1/2 cuillerée à soupe d'ail pressé

de 2 à 4 cuillerées à café de piment en poudre

1 boîte de 450 g de tomates en dés

150 g de beurre, en petits morceaux

sel

4 cuillerées à café de feuilles de fenugrec séchées et émiettées

Riz Basmati à la vapeur (page 92) ou Parathas (page 101) en accompagnement

potage **aux trois lentilles**

dal makhani

Faites tremper les légumes secs, une nuit à couvert, dans 1,2 l d'eau.

Le lendemain, versez les légumes et l'eau dans une cocotte. Nouez la cannelle, la cardamome et les clous de girofle dans un carré d'étamine, et placez-le dans la cocotte. Portez à ébullition. Réduisez à feu doux et laissez cuire une heure et demie environ, à découvert. Si nécessaire, ajoutez un peu d'eau pour couvrir les légumes.

Retirez le sachet d'étamine. Ajoutez le gingembre, l'ail, le piment, les tomates, le beurre et le sel. Faites cuire 10 minutes à feu modéré, en remuant souvent, jusqu'à obtenir une soupe épaisse. Délayez-la avec un peu d'eau si elle paraît trop pâteuse. Rectifiez l'assaisonnement et ajoutez les feuilles de fenugrec. Servez chaud, accompagné de riz ou de paratha.

Pour un repas à l'indienne de 10 convives

dal de lentilles **et pois cassés**

moong matar dhaniwal

Ingrédients

150 g de lentilles, rincées et égouttées

150g de pois cassés jaunes, rincés et égouttés

1 cuillerée à café de curcuma moulu

2 piments verts frais, émincés en deux longueurs

4 cuillerées à café d'huile

1 cuillerée à café de graines de moutarde

1 cuillerée à café de graines de cumin

2 cuillerées à café de Garam Masal (page 28)

1 cuillerée à café de graines de coriandre moulues

12 cl d'eau

3 cuillerées à soupe de crème épaisse

1 grosse tomate, concassée

sel

10 g de coriandre fraîche ciselée

Faites tremper les légumes secs 30 minutes dans une jatte d'eau froide. Égouttez.

Dans une casserole, faites bouillir une grande quantité d'eau. Ajoutez les lentilles, les pois cassés, le curcuma et les piments verts. Faites bouillir 30 minutes à découvert. Égouttez les légumes, versez-les dans une terrine et écrasez-les grossièrement. Réservez.

Dans une sauteuse, chauffez l'huile à feu modéré et jetez-y les graines de moutarde. Quand elles commencent à crépiter, ajoutez le cumin. Lorsqu'il devient odorant, incorporez le garam masala et la coriandre moulue. Ajoutez les lentilles et les pois, l'eau, la crème et la tomate. Salez. Portez à ébullition à feu moyen, puis réduisez à feu doux et laissez frémir 4 minutes, en remuant souvent. Rectifiez l'assaisonnement. Ajoutez la coriandre fraîche et servez chaud.

Pour un repas à l'indienne de 6 à 8 convives

œufs pochés **à la tomate**

tamatar kothmir per eeda

Dans une grande poêle, chauffez le mélange d'huile et de beurre fondu à feu modéré. Ajoutez les oignons et le sel puis faites rissoler de 10 à 15 minutes, en remuant fréquemment.

Ajoutez le gingembre et l'ail en remuant 1 minute, puis le curcuma. Remuez 30 secondes. Incorporez les tomates et les piments et faites cuire en remuant, 5 minutes environ, à découvert. Ajoutez la coriandre et mélangez.

Étalez uniformément la préparation dans la poêle. Avec une cuillère, creusez 8 niches régulières. Cassez un œuf au-dessus de chaque niche, couvrez et pochez une dizaine de minutes, à feu doux. Servez chaud.

Pour un repas à l'indienne de 8 personnes

Note : Ce plat se déguste également au petit-déjeuner, avec des toasts ou des petits pains.

Ingrédients

10 cl de mélange huile et beurre fondu

3 oignons, hachés fin

1/2 cuillerée à café de sel

1 1/2 cuillerée à soupe de gingembre frais haché

6 gousses d'ail, hachées fin

1/2 cuillerée à café de curcuma moulu

1 kg de tomates, hachées fin

3 piments verts frais, hachés menu

30 g de coriandre fraîche, ciselée

8 œufs

croquettes malaï **à la courge**

kaddu kofta

Ingrédients

500 g de courge, épluchée et râpée

2 grosses pommes de terre cuites, réduites en purée

10 g de coriandre fraîche hachée

1 cuillerée à café de gingembre frais râpé

3 cuillerées à café de piments verts hachés menu

sel

SAUCE

6 cl d'huile

un bâtonnet de cannelle de 2-3 cm

4 graines de cardamome vertes

4 clous de girofle

1 petit oignon, finement émincé

1/2 cuillerée à café de sel

1 cuillerée à soupe de gingembre frais râpé fin

1 cuillerée à soupe d'ail pressé

3 cuillerées à café de curcuma moulu

2 cuillerées à café de poudre de piment

2 tomates concassées

1 cuillerée à café de miel

1 cuillerée à café de macis moulu

Maïzena, pour l'enrobage

huile de friture

3 ou 4 cuillerées à soupe de crème fraîche épaisse

1/2 cuillerée à café de Garam Masala (page 28)

Pressez bien la courge pour en extraire l'excédent d'eau. Dans une terrine, mélangez la courge, les pommes de terre, la coriandre, le gingembre, le piment haché et un peu de sel. Réservez.

Sauce : Dans un karhai ou une poêle, chauffez l'huile à feu modéré. Ajoutez la cannelle, la cardamome et les clous de girofle ; au bout de 30 secondes, ajoutez les oignons et 1/2 cuillerée à café de sel. Faites-les dorer de 10 à 15 minutes à découvert, en remuant fréquemment. Incorporez le gingembre et l'ail puis faites-les revenir 30 secondes. Ajoutez le curcuma et la poudre de piment. Laissez cuire 30 secondes, en remuant. Versez les tomates et cuisez-les 3 ou 4 minutes, sans cesser de remuer. Incorporez le miel et le macis. Couvrez et gardez au chaud.

Pendant ce temps, confectionnez de petites boulettes de la taille d'une noix avec le mélange de courge et de pommes de terre. Saupoudrez-les de Maïzena et déposez-les sur une feuille de papier sulfurisé.

Remplissez une casserole d'huile, sur une hauteur de 7 cm environ. Chauffez-la à 190 °C sur feu assez vif. Faites frire et dorer 5 boulettes à la fois, 2 ou 3 minutes. Retirez-les avec une écumoire et déposez-les sur du papier absorbant.

Dressez les croquettes sur le plat de service. Incorporez la crème à la sauce épicée et nappez-en les croquettes. Saupoudrez de garam masala et de sel. Servez très chaud.

Pour un repas à l'indienne de 8 à 10 convives

Note : Les croquettes sont meilleures lorsqu'elles sont préparées au dernier moment. Vous pouvez toutefois les confectionner 2 heures à l'avance.

pommes de terre **au cumin**

jeera aloo

Mettez les pommes de terre dans une cocotte avec une pincée de sel et couvrez-les d'eau. Portez à ébullition, puis laissez cuire 20 minutes à feu doux et à demi couvert. Égouttez les pommes de terre et laissez-les tiédir 15 minutes. Épluchez-les et détaillez-les en dés de 4 cm. Réservez.

Dans un bol, délayez le curcuma et la poudre de piment dans 2 ½ cuillerées à soupe d'eau froide. Réservez.

Dans une grande sauteuse, chauffez à feu modéré le mélange d'huile et de beurre fondu. Ajoutez le cumin et remuez 30 secondes, jusqu'à ce qu'il devienne odorant, sans le laisser roussir. Réduisez à feu doux et ajoutez le mélange aqueux épicé. Remuez 30 secondes. Ajoutez les pommes de terre et un peu de sel. Réchauffez-les 1 minute, en mélangeant délicatement. Ajoutez la coriandre moulue, remuez 30 secondes puis incorporez le gingembre et la coriandre fraîche. Mélangez délicatement. Arrosez d'un filet de jus de citron et servez.

Pour un repas à l'indienne de 8 à 12 convives

Ingrédients

1 kg de pommes de terre de même grosseur (7 moyennes environ)

sel

1 cuillerée à café de curcuma moulu

½ cuillerée à café de poudre de piment

6 cl de mélange huile et beurre fondu

4 cuillerées à café de graines de cumin

4 cuillerées à café de graines de coriandre moulue

2 cuillerées à café de gingembre frais râpé

15 g de coriandre fraîche ciselée

le jus d'un demi-citron

maïs et champignons
à la coriandre
khumb makki hara dhania

Ingrédients

2 épis de maïs

2 cuillerées à café de beurre

3 cuillerées à soupe d'huile

un tronçon de cannelle de 1 cm

2 graines de cardamome vertes

2 clous de girofle

2 oignons hachés

1/2 cuillerée à café de sel

1 cuillerée à café de gingembre frais, râpé fin

1 cuillerée à café d'ail pressé

1 cuill. à café de poudre de piment

1 cuillerée à soupe de graines de coriandre, concassées

1 cuillerée à café de curcuma moulu

1 grosse tomate, hachée menu

500 g de petits champignons de Paris, nettoyés

le jus de 1/2 citron

10 g de coriandre fraîche ciselée

Égrenez le maïs à l'aide d'un couteau pointu. Dans une cocotte, faites fondre le beurre à feu assez vif. Ajoutez le maïs et faites-le revenir 2 ou 3 minutes, en remuant. Transférez-le dans un bol et réservez.

Dans la cocotte, chauffez l'huile à feu modéré. Jetez-y la cannelle, la cardamome et les clous de girofle. Remuez 30 secondes pour les rendre odorants. Ajoutez les oignons avec 1/2 cuillerée à café de sel et faites-les rissoler de 10 à 15 minutes à découvert, en remuant souvent.

Ajoutez le gingembre et l'ail et faites-les revenir 30 secondes en remuant. Incorporez la poudre de piment, la coriandre concassée et le curcuma. Lorsqu'ils commencent à embaumer, ajoutez la tomate et faites-la ramollir 5 minutes, en remuant souvent. Ajoutez les champignons et le maïs, et faites-les revenir de 5 à 10 minutes, jusqu'à ce que les champignons deviennent plus souples. Arrosez de jus de citron et salez si nécessaire. Parsemez de pluches de coriandre et mélangez délicatement. Servez très chaud.

Pour un repas à l'indienne de 8 à 10 convives

pilaf **végétarien**

Ingrédients

500 g de riz basmati

10 cl de mélange huile et beurre fondu

un segment de 2 cm de cannelle

1 capsule de cardamome noire

2 capsules de cardamome vertes

2 clous de girofle

une lamelle de macis

2 oignons, finement émincés

1 cuillerée à café de sel environ

1 cuillerée à soupe de gingembre frais, râpé fin

1 cuillerée à soupe d'ail pressé

2 tomates, hachées menu

1 carotte, coupée en bâtonnets de 2-3 cm

120 g de haricots verts, en tronçons de 2-3 cm

80 g de petits pois, frais ou surgelés

1 1/2 cuillerée à soupe de piments verts frais hachés

1 litre de bouillon de légumes ou d'eau

25 g de coriandre fraîche ciselée

Versez le riz dans une terrine et couvrez-le d'eau froide. Brassez-le en spirale avec une main, laissez-le reposer un instant, puis égouttez-le. Répétez ce processus six ou sept fois. Couvrez d'eau et laissez le riz tremper 20 minutes.

Préchauffez le four à 180 °C (th. 4).

Dans un grand deghchi ou une cocotte, chauffez à feu doux le mélange d'huile et de beurre fondu. Ajoutez la cannelle, la cardamome, les clous de girofle et le macis. Remuez 30 secondes environ, jusqu'à ce qu'ils deviennent odorants. Ajoutez les oignons et le sel. Faites-les rissoler 15 minutes à découvert, en remuant de temps en temps. Incorporez le gingembre et l'ail, pour 30 secondes de cuisson. Versez les tomates et mélangez. Ajoutez la carotte, les haricots, les petits pois et les piments verts. Remuez 3 minutes.

Ajustez le couvercle sur la cocotte et enfournez-la pour 15 minutes environ. Sortez le riz du four et laissez-le reposer 10 minutes. Parsemez de coriandre et servez de suite.

Pour un repas à l'indienne de 8 convives

Note : La recette est la même pour 14-16 personnes : doublez simplement les quantités.

poulet pilaf façon **Andhra**

Préchauffez le four à 200 °C (th. 7).

Versez le riz dans une terrine et couvrez-le d'eau froide. Brassez-le en spirale avec une main, laissez-le reposer un instant, puis égouttez-le. Répétez ce processus six ou sept fois. Couvrez d'eau et laissez le riz tremper 20 minutes. Dans une jatte, mélangez les oignons avec ½ cuillerée à café de sel. Réservez.

Dans un deghchi ou une grande sauteuse (de 30 cm de diamètre environ), chauffez à feu assez doux le mélange d'huile et de beurre fondu. Jetez-y la cannelle, la cardamome et les clous de girofle. Lorsqu'ils deviennent odorants, ajoutez l'anis étoilé et la moitié des feuilles de curry. Remuez. Versez les oignons et faites-les dorer à découvert, de 10 à 15 minutes, en remuant fréquemment.

Ajoutez le poulet et faites-le colorer 10 minutes, en le retournant de temps en temps. Ajoutez le gingembre, l'ail, le piment, le reste des feuilles de curry, le lait fermenté et un peu de sel. Faites cuire de 10 à 15 minutes, à découvert, jusqu'à ce que la sauce ait réduit de moitié.

Incorporez les tomates et le lait de coco. Faites-les cuire 5 minutes environ, en remuant souvent. Mouillez avec l'eau ou le bouillon et mélangez. Portez à ébullition à feu assez vif. Égouttez le riz et incorporez-le à la préparation. Laissez mijoter 10 minutes, à demi couvert, pour que le riz absorbe la plus grande partie de la sauce.

Hors du feu, couvrez la sauteuse d'un linge propre et humide. Coiffez-la de son couvercle et appuyez fortement. Enfournez-la pour 20 minutes. Sortez la sauteuse du four et laissez le pilaf reposer 10 minutes. Parsemez-le de coriandre ciselée et servez-le très chaud, avec des quartiers de citron.

Pour un repas à l'indienne de 10 à 12 convives

Ingrédients

1 kg de riz basmati

3 gros oignons, coupés en deux et émincés en fines rondelles

1/2 cuillerée à soupe de sel

20 cl de mélange huile et beurre fondu

1 tronçon de 4 cm de cannelle

2 graines de cardamome vertes

3 clous de girofle

2 étoiles d'anis

36 feuilles de curry

1, 5 kg de morceaux de poulet

1 cuillerée à soupe de gingembre frais râpé

1 cuillerée à soupe d'ail pressé

5 piments verts frais, fendus en longueur

40 cl de lait fermenté

4 tomates, hachées menu

20 cl de lait de coco en boîte

1,2 l de bouillon de volaille ou d'eau

50 g de coriandre fraîche ciselée

1 citron, coupé en quartiers

chappati
(pain nature)

Ingrédients

750 g de farine complète

1 cuillerée à café de sel

3 cuillerées à soupe d'huile

mélange huile et beurre fondu, pour badigeon

Tamisez la farine et le sel dans une grande terrine. Creusez un puits central. Ajoutez l'huile puis, progressivement, assez d'eau pour la malaxer en pâte molle. Pétrissez-la brièvement, couvrez la terrine avec un linge humide, et laissez reposer 20 minutes.

Retournez la pâte sur une surface légèrement farinée et pétrissez-la une dizaine de minutes, jusqu'à ce qu'elle devienne souple et élastique. Couvrez-la d'un linge humide et laissez reposer 15 minutes. De nouveau, pétrissez la pâte brièvement et partagez-la en douze portions. Roulez les pâtons en boule et abaissez-les en disques de 20 à 25 cm de diamètre.

Chauffez un gril en fonte à feu moyen. Déposez un chappati sur le gril et faites-le cuire 1 ou 2 minutes, en le tamponnant légèrement et régulièrement avec un torchon propre et sec. Lorsque le chappati présente des taches brunes et dorées, retournez-le et faites-le cuire 1 minute sur l'autre face. Badigeonnez-le avec le mélange d'huile et de beurre fondu, et déposez-le sur une assiette recouverte d'une serviette de table. Faites cuire les autres chapattis.

Pour 12 chapattis

Note : Ne surchauffez pas le gril car les chapattis deviendraient noirs et cassants. Si vous le souhaitez, confectionnez des chapattis plus petits, ou préparez-les plusieurs heures à l'avance. Au moment de servir, enveloppez-les d'un linge, puis de papier d'aluminium ; réchauffez-les de 5 à 10 minutes dans le four préchauffé à 110 °C.

Étape par étape chutney à la noix de coco

Ingrédients

1 noix de coco fraîche

20 g de coriandre fraîche hachée, tige et feuilles

2 piments verts frais, grossièrement hachés

2 cuillerées à café 1/2 de gingembre frais râpé

sel

2 cuillerées à café d'huile

1 1/2 cuillerée à café de graines de moutarde

1/2 cuillerée à café d'assa foetida en poudre

18 feuilles de curry fraîches, hachées grossièrement

1

2

3

Pour ouvrir la noix de coco, percez les « yeux » avec précaution, à l'aide d'un tournevis ou autre objet pointu.

1. Versez l'eau de coco dans un verre. Goûtez-la afin de vérifier qu'elle n'est pas éventée (buvez-la, car elle contient de nombreux éléments nutritifs).

2. Brisez la noix de coco d'un coup de marteau. Fragmentez les plus gros morceaux en frappant l'écorce. Utilisez un petit couteau pointu pour détacher la chair de l'écorce. Retirez la membrane brune y adhérant.

3. Hachez finement la chair à l'aide d'un mixer. Ajoutez la coriandre, le piment, le gingembre et le sel. Mixez de nouveau afin de hacher uniformément tous les ingrédients, en ajoutant éventuellement 3 ou 4 cuillerées à soupe d'eau froide pour faciliter le processus. Transférez le mélange dans une jatte.

Dans une petite casserole, chauffez l'huile à feu moyen. Jetez-y les graines de moutarde et remuez 30 secondes, jusqu'à ce qu'elles comment à crépiter. Hors du feu, incorporez l'assa foetida et les feuilles de curry. Mélangez avec soin.

Incorporez ce mélange à la chair de coco hachée. Ajoutez un peu de sel si nécessaire.

Pour 8 personnes

Note : Vous pouvez confectionner ce chutney un jour à l'avance, et le conserver au réfrigérateur.

chutney aux dattes **et au tamarin**

Ingrédients

1 kg de dattes, dénoyautées

75 cl de vinaigre blanc

250 g de jagré ou de sucre roux

180 g de sel

25 cl d'huile

100 g de pâte de tamarin

90 g de piment en poudre

3 bâtonnets de cannelle de 7-8 cm, sciés en segments de 2-3 cm

2 1/2 cuillerées à soupe de cardamomes vertes

3 cuillerées à soupe de clous de girofle

4 cuillerées à café de chat masala

Dans une sauteuse, mélangez les dattes, le vinaigre, le jagré ou le sucre roux, le sel, l'huile, le tamarin, le piment, la cannelle, la cardamome et les clous de girofle. Faites-les chauffer à feu moyen, en remuant jusqu'à ce que la préparation commence à bouillonner. Réduisez à feu doux et poursuivez la cuisson de 35 à 45 minutes, à demi couvert, en remuant fréquemment.

Hors du feu, incorporez le chat masala. Avec une cuillère, transvasez le chutney dans des bocaux de verre propres. Fermez immédiatement les couvercles et retournez les bocaux. Au bout de 5 minutes, remettez-les à l'endroit et laissez-les refroidir. Apposez-leur une étiquette mentionnant la date et leur contenu, et rangez-les dans un placard. Attendez au moins une semaine avant ouverture.

Pour 1,5 litre de chutney environ

Note : Avant ouverture, le chutney se conserve un an au frais et à l'obscurité. Une fois le bocal entamé, vous pouvez le garder six mois au réfrigérateur. Cette méthode permet au chutney bouillant de stériliser le bocal et son couvercle.

Ingrédients

15 citrons verts

250 de sel

le jus de 4 citrons verts

3 cuillerées à soupe d'huile

1 cuillerée à café de graines de fenugrec

2 cuillerées à café de curcuma moulu

1 cuillerée à café d'assa foetida en poudre

90 g de poudre de piment

Étape par étape

citrons verts **confits**

1. Rincez les citrons et essuyez-les soigneusement.

2. Coupez les citrons verts en quartiers, puis détaillez les quartiers en trois morceaux. Recouvrez-le de sel et de jus de citron, et mélangez. Transférez les citrons dans un bocal en verre de 1 litre, préalablement lavé et essuyé. Fermez hermétiquement le bocal et laissez reposer une semaine à température ambiante.

3. Dans une petite poêle, chauffez l'huile à feu modéré. Jetez-y le fenugrec et faites-le roussir 30 secondes, en remuant. Égouttez-le et versez-le dans le moulin à épices. Dans le reste d'huile, chauffez 30 secondes le curcuma et l'assa foetida. Ajoutez le fenugrec moulu.

Videz le bocal dans une terrine très propre et parfaitement essuyée. Ajoutez le piment et les épices grillées, puis mélangez soigneusement.

4. Remettez les citrons épicés dans le bocal et fermez hermétiquement le couvercle. Laissez mariner deux semaines à température ambiante, puis transférez le bocal dans le réfrigérateur.

Note : N'utilisez que des récipients et des ustensiles parfaitement propres et secs. Les citrons doivent être essuyés avant d'être découpés. Ce condiment se conserve jusqu'à six mois au réfrigérateur.

1

2

3

4

crème glacée safranée à la pistache

kulfi pistache et safran

Ingrédients

une grosse pincée de stigmates de safran

12 cl de lait chaud

100 g de pistaches décortiquées

3 cuillerées à soupe de cardamomes vertes

40 cl de lait condensé sucré

75 cl de crème fraîche épaisse

COULIS

125 g de sucre roux

12 cl de crème fraîche épaisse

5 étoiles d'anis

Faites tremper le safran 10 minutes dans le lait chaud. Hachez finement les pistaches dans le mixer. Avec le moulin à épices, réduisez la cardamome en poudre.

Dans une jatte, mélangez doucement le lait condensé et la crème. Incorporez les pistaches, le lait safrané et la cardamome.

Répartissez le mélange dans dix ramequins de 12 cl. Faites prendre la glace 6 heures au congélateur. Couvrez les ramequins et remettez-les au congélateur jusqu'au moment de servir.

Coulis crémeux : Dans une casserole, mélangez le sucre, la crème et l'anis étoilé. Sur feu doux, remuez à pour dissoudre le sucre. Portez à ébullition, puis faites réduire légèrement le coulis, 10 minutes environ, à feu doux et à découvert, en remuant souvent.

Au moment de servir, plongez brièvement les ramequins dans un bol d'eau chaude. Retournez les glaces sur les assiettes et arrosez-les de coulis.

Pour 10 personnes

Note : La glace peut être confectionnée quinze jours à l'avance. Couvrez-la soigneusement pour éviter que ses arômes ne soient absorbés par les autres aliments. Le coulis, en revanche, doit être préparé au dernier moment.

crème glacée
à la mangue
mangue kulfi

Ingrédients

1 mangue bien mûre de 350 g environ, pelée, dénoyautée et grossièrement hachée

1 1/2 cuillerée à soupe de cardamome verte

40 cl de lait condensé sucré

75 cl de crème fraîche épaisse

Coulis crémeux (page 110)

Réduisez la mangue en purée avec un mixer. Transférez-la dans une grande jatte. Broyez la cardamome dans le moulin à épices et incorporez-la à la purée de mangue.

Ajoutez le lait condensé et la crème ; mélangez doucement et soigneusement. Répartissez la préparation dans dix ramequins de 12 cl. Faites prendre la glace 6 heures au congélateur. Couvrez les ramequins et remettez-les au congélateur. Au moment de servir, plongez brièvement les ramequins dans un bol d'eau chaude. Retournez les crèmes glacées sur les assiettes et arrosez-les de coulis crémeux. Décorez de fines lamelles de mangue et servez immédiatement.

Pour 10 personnes

Note : La glace peut être confectionnée quinze jours à l'avance. Couvrez-la soigneusement, pour éviter que ses arômes ne soient absorbés par les autres aliments. Le coulis doit être préparé au dernier moment.

pudding de carottes **à la cardamome**

gajar ka halwa

Ingrédients

1 kg de carottes, épluchées et râpées

2 litres de lait entier

3 cuillerées à soupe de cardamome verte

6 à 8 stigmates de safran

12 cl de lait entier, chaud

60 g d'amandes effilées

60 g de pistaches effilées

250 g de sucre

60 g de raisins secs

150 g de ghee ou de beurre

Préchauffez le four à 180 °C (th. 4).

Mettez les carottes et le lait dans une cocotte, et portez le mélange à ébullition, à feu assez vif. Réduisez à feu moyen et faites mijoter 1 heure 15 à découvert, en remuant souvent.

Pendant ce temps, réduisez la cardamome en poudre avec le moulin à épices. Réservez.

Faites tremper le safran 10 minutes dans le lait chaud.

Étalez les amandes et les pistaches sur une feuille de papier sulfurisé. Faites-les rôtir de 6 à 8 minutes dans le four, en les remuant de temps en temps. Laissez-les tiédir.

Incorporez la cardamome, le lait safrané, le sucre et les raisins secs au contenu de la cocotte. Remuez jusqu'à dissolution du sucre. Laissez frémir 45 minutes, à découvert, jusqu'à absorption du liquide.

Ajoutez le ghee ou le beurre, cuillerée après cuillerée. Poursuivez la cuisson de 10 à 15 minutes, en remuant fréquemment, jusqu'à ce que le pudding se détache des parois de la cocotte. Incorporez les trois quarts des amandes et des pistaches. Transférez le pudding dans des coupes et parsemez du reste de pistaches et d'amandes. Servez tiède.

Pour 10 personnes

Note : Variante : Étalez le pudding dans un moule carré de 20 cm, préalablement chemisé de film alimentaire. Mettez-le au réfrigérateur ; une fois bien frais, démoulez le pudding et découpez-le en parts.

Ingrédients

SIROP

1 kg de sucre

1 litre d'eau

1 capsule de cardamome verte, fendue

une petite pincée de stigmates de safran

BEIGNETS

180 g de lait entier en poudre

150 g de farine ordinaire

1/2 cuillerée à café de cardamome moulue

25 cl environ de crème fraîche épaisse

1,5 l d'huile

Étape par étape beignets au fromage frais et au sirop gulab jamun

Sirop : Dans une sauteuse, mélangez le sucre, l'eau, la capsule de cardamome et le safran. Chauffez à feu doux, en remuant pour dissoudre le sucre. Gardez le sirop au chaud en le laissant à feu très doux.

1. Beignets : dans une grande jatte, mélangez le lait en poudre, la farine et la cardamome moulue. Ajoutez la crème et incorporez graduellement la farine avec les mains, pour obtenir une pâte molle (ajoutez un peu de crème si la pâte est trop sèche). Pétrissez-la légèrement pour l'assouplir.

2. Avec la pâte, façonnez 20 boulettes lisses de la taille d'une noix. Si besoin est, badigeonnez-les d'un peu d'eau et lissez les craquelures.

Dans une grande sauteuse, chauffez l'huile à 180 °C. Faites frire deux ou trois beignets à la fois, de 3 à 5 minutes; faites-les dorer uniformément en les remuant de temps en temps, délicatement, avec une écumoire. Égouttez les beignets 2 minutes sur du papier absorbant, puis plongez-les dans le sirop. Laissez-les s'imprégner au moins 30 minutes. Servez tiède.

Pour 10 personnes

Note : Offrez au moins deux beignets à chaque convive (n'en proposer qu'un seul serait considéré comme grossier).

1

2

Ingrédients

une pincée de stigmates de safran

15 cl de lait chaud

3 cuillerées à soupe de cardamome verte

2 kg de yaourt

100 g de sucre en poudre

glace pilée

boisson glacée au **yaourt**

lassi

Faites tremper le safran 10 minutes dans le lait chaud. Avec le moulin à épices, réduisez la cardamome en poudre.

Dans une grande carafe, mélangez le lait safrané, la cardamome, le yaourt et le sucre. Fouettez énergiquement jusqu'à dissolution du sucre et obtention d'une crème mousseuse.

Versez le lassi dans les verres et ajoutez de la glace pilée. Servez sans attendre.

Pour 10 personnes

Note : Pour un lassi plus liquide, ajoutez un peu de lait.

boisson à la **mangue verte**

panha

Ingrédients

1 kg de mangues encore vertes

3 cuillerées à soupe de cardamomes vertes

120 g de sucre

une pincée de sel

2 litres d'eau glacée

glace pilée

Rincez les mangues et mettez-les dans une cocotte. Couvrez-les d'eau et chauffez jusqu'à légère ébullition. Laissez frémir de 20 à 30 minutes, à demi couvert, pour rendre les mangues molles et pâteuses. Égouttez-les et gardez le liquide de cuisson. Laissez les mangues refroidir.

Séparez la pulpe des peaux et des noyaux. Mixez-la avec la cardamome, le sucre et le sel, pour la réduire en purée onctueuse. Ajoutez un peu d'eau si nécessaire.

Mélangez la purée de mangue à l'eau glacée, en ajoutant si besoin du sucre et du sel. Versez dans de grands verres et complétez avec la glace pilée. Servez immédiatement.

Pour 10 personnes

Note : Variante : remplacez la cardamome par 1 cuillerée à café de graines de cumin grillées et une poignée de feuilles de menthe fraîche.

citronnade
nimbu pani

Ingrédients

1 1/2 cuillerée à soupe de cardamome verte

2 litres d'eau glacée

le jus de 6 citrons

60 g de sucre en poudre

1 cuillerée à café de sel noir

une pincée de sel

glace pilée

Avec le moulin à épices, réduisez la cardamome en poudre. Dans une carafe, mélangez la poudre avec l'eau glacée, le jus de citron, le sucre, le sel noir et le sel. Battez le liquide jusqu'à dissolution du sucre.

Versez dans de grands verres et complétez avec de la glace pilée. Servez sans attendre.

Pour 10 personnes

Note : Variante : remplacez les citrons par une dizaine de citrons verts. Omettez le sel noir si vous n'avez pu vous en procurer.

thé indien façon **Meera**

masala chai

Ingrédients

1 litre d'eau

4 cuillerées à café de gingembre frais râpé très fin

30 g de feuilles de thé

3 cuillerées à soupe de lait

$^{1}/_{2}$ cuillerée à café de Garam Masala (page 28)

sucre

Versez l'eau et le gingembre dans une casserole, portez à ébullition sur feu moyen. Réduisez à feu doux et ajoutez les feuilles de thé. Faites bouillir à nouveau, puis ajoutez le lait et le garam masala. Retirez du feu.

Couvrez et laissez infuser 4 minutes. Filtrez et sucrez à votre convenance. Accompagnez d'un petit pichet de lait chaud.

Pour 8 personnes

Note : Les Indiens aiment le thé longuement infusé et très sucré, qu'ils coupent avec quantité de lait. Préparez le vôtre en fonction de vos goûts et de vos habitudes. Pour varier, remplacez le garam masala par de la cardamome moulue.

Glossaire

Amandes Les amandes sont principalement cultivées au Cachemire, État du nord de l'Inde. Pouvant atteindre quinze mètres de haut, l'amandier produit des fruits à noyau dont l'amande est comestible. De forme ovale, recouverte d'une membrane brune, l'amande possède une saveur délicate et légèrement sucrée. Elle entre souvent dans la composition des recettes mogholes : biryani, khorma, crèmes glacées (comme épaississant) et barfi (sorte de caramel mou). On les blanchit pour en retirer la membrane; les amandes mondées sont ensuite employées entières, effilées ou moulues, ou encore grillées.

Concombre Employez de préférence le concombre trapu à peau fine, que l'on trouve sur les marchés sous l'appellation de concombre Noa. Le concombre ordinaire fera toutefois l'affaire, à condition de le choisir jeune et ferme. Si vous utilisez un spécimen très mûr, pelez-le et épépinez-le.

Dattes Fruit du palmier dattier, la datte possède une peau brune et légèrement ridée; sa chair dorée ou brune est délicieusement sucrée. Pour la confection de Chutney aux Dattes et au Tamarin, nous employons les fruits séchés, mais les dattes fraîches sont aussi très appréciées des Indiens. Chez les musulmans, la datte est souvent consommée les jours de ramadan, à l'heure de rompre le jeûne.

Deghchi (ou dekchi) Sauteuse à fond épais, idéale pour la confection des plats en sauce proposés dans cet ouvrage. Elle doit être munie d'un couvercle parfaitement ajusté, afin de limiter l'évaporation des sucs de cuisson.

Ghee Ce terme désigne la matière grasse du beurre, ou beurre clarifié. Dans nos recettes, le ghee est la plupart du temps remplacé par un mélange d'huile et de beurre fondu, de saveur nettement plus neutre. Vous trouverez toutefois du ghee en tube dans certaines épiceries indiennes, à moins de confectionner vous-même votre beurre clarifié : faites fondre doucement le beurre coupé en dés dans une petite casserole. Laissez-le cuire 10 minutes à feu très doux, afin de faire évaporer le liquide (babeurre). Écumez la mousse qui s'est déposée en surface et faites cuire de nouveau de 5 à 10 minutes, jusqu'à formation de sédiments lactés bruns. Laissez reposer 30 minutes et filtrez le beurre clarifié dans un bocal.. Dans son bocal bien fermé, le beurre clarifié se conserve trois mois au réfrigérateur. Le ghee est souvent employé dans la confection des douceurs (voir la recette de Gajar Ka Halwa) ou des entremets, auxquels il apporte un arôme particulier.

Karhai (kadaï, ou encore kadhaï) Cette lourde bassine ronde et creuse est équipée de deux poignées latérales. Elle rappelle le wok, que l'on peut lui substituer pour les fritures et bien d'autres modes de cuisson.

Lait fermenté Il s'agit de lait dans lequel a été introduit une bactérie ou un élément acide (jus de citron, vinaigre) pour le faire cailler. Sa saveur aigrelette et sa consistance épaisse permettent de réaliser certaines marinades, comme dans la recette du Poulet Chettinad. Le lait fermenté est pauvre en calories.

Pistache Comptant parmi les plus chères de l'Inde, cette noix importée est consommée pour les grandes occasions. De couleur verte et de saveur crémeuse, elle figure souvent dans les recettes de friandises et de desserts, comme le Kulfi à la pistache et au safran. Les pistaches s'emploient entières, hachées ou broyées.

Pois cassés jaunes Ces pois sont utilisés pour les dal et les soupes végétariennes. Vous en trouverez chez les détaillants en produits diététiques. Les pois cassés jaunes sont de saveur douce et ne gardent pas leur forme à la cuisson. Il est possible de les remplacer par des pois cassés verts, de saveur toutefois légèrement différente.

Tawa Sorte de gril en fonte rond ou carré, destiné à la cuisson des roti et des dosai. Reportez-vous à la recette des Masala Dosai pour la préparation du tawa. Remplacez-le par un gril plat ordinaire.

Guide des poids et mesures

QUELQUES REPÈRES DE CONTENANCE ET DE POIDS :

¼ de cuillerée à café	1,25 ml
½ cuillerée à café	2,5 ml
1 cuillerée à café	0,5 cl
1 cuillerée à soupe	1,5 cl (3 cuillerées à café)

Beurre

1 cuillerée à soupe	15 g
1,5 cuillerée à soupe	20 g
2 cuillerées à soupe	30 g
3 cuillerées à soupe	45 g

Tableau d'aide pour régler le thermostat du four

Ce tableau en degrés Celsius vous sera utile si vous possédez un four électrique. Pour les fours fonctionnant au gaz, ôtez 10 °C aux températures indiquées, ou consultez le guide d'utilisation de votre cuisinière. Les températures en dessous de 160 °C doivent être respectées quel que soit le mode d'alimentation de votre four.

Description °C thermostat

Four tiède 50 °C	therm. 1
Four très doux 50 à 110 °C	therm. 2
Four doux 110 à 170 °C	therm. 3 à 5
Four chaud ou moyen 170 à 230 °C	therm. 5 à 7
Four très chaud 230 à 280 °C	therm. 7 à 9
Four brûlant 300 °C	therm. 10